갈등이 선물이 될 때

갈등이 선물이 될 때 마음이 풀릴 때까지 들어줘

ⓒ 반은기 2024

초판 1쇄	2024년 1월 19일

지은이	반은기

출판책임	박성규	펴낸이	이정원
편집주간	선우미정	펴낸곳	도서출판 들녘
기획이사	이지윤	등록일자	1987년 12월 12일
디자인진행	하민우	등록번호	10-156
편집	이동하·이수연·김혜민	주소	경기도 파주시 회동길 198
디자인	고유단	전화	031-955-7374 (대표)
마케팅	전병우		031-955-7382 (편집)
경영지원	김은주·나수정	팩스	031-955-7393
제작관리	구법모	이메일	dulnyouk@dulnyouk.co.kr
물류관리	엄철용		

ISBN	979-11-5925-826-8 (03190)

교육 폴더
——— 14

갈등이 선물이 될 때

마음이 풀릴 때까지 들어줘

반은기 지음

푸른들녘

추천사[*]

빤[†]은 언제나 동글동글하다.
내가 힘들 때 빤에게 기댄다면
편안한 솜이불처럼 부드런 느낌일 거 같다.
빤의 책이 많은 사람에게 따뜻한 행복을 전해줄 것이다.
_오세린(세검정초등학교 학급회장)

이 책에는 학교폭력을 예방하는 방법, 아이들에게 화를 내지 않거나 짜증을 않는 방법이 나와 있다. 친구와 불편한 감정이 생기면 도망가고 싶고, 말을 하지 않고 싶어진다. 하지만 불편한 감정을 친구에게 말하지 않으면 그 친구는 절대 모른다.

이런 고민들을 풀어볼 수 있는 게 빤님의 책인 것 같다. 내 친구 빤님은 마음 따뜻하고 아이들의 마음을 잘 아는 내 아픈 마음을 사르르 녹게 하는 마법의 가루를 가지고 있다. 이상하게 빤님과 이야기를 하면 힘든 감정이 사그라지고, 내 마음에

---

[*]　추천사는 반은기를 아는 어린이, 청소년들이 직접 책을 읽어보고 고맙게 써주었습니다.

[†]　'빤'은 반은기를 친구처럼 생각하는 어린이, 청소년, 친구들이 편하게 부르는 별명입니다.

손난로가 생겨난다. 빤님을 만나지 못하는 친구들은 이 책을 읽고 마치 빤님을 만난 것 같이 아픈 마음이 사르르 녹아내리는 것을 경험하면 좋겠다. 친구 관계로 아프거나 고민하는 친구들이 읽어봐야 할 책이다._강리안(도신초등학교)

이 책에는 다양한 청소년들의 이야기가 나온다. 그중에서 나는 어린 나이에도 불구하고 자신의 꿈을 펼친 청소년들의 이야기가 가슴 설레었다. 나와 비슷한 또래인데도 자신이 원하는 삶을 살아가는 청소년들이 멋졌다. 분명 힘든 과정들도 있었지만 극복하고 자신의 꿈을 이뤄가는 청소년들이 나왔다. 책을 읽으면서, 나도 그런 청소년이 되고 싶었다. 나는 이번에 초등학교를 졸업하고 중학교로 올라왔는데 중학교에선 진로라는 과목이 추가되어서, 꿈에 대해 더 생각해보고 있었다. 어떻게 해야 할지 막막했는데, 이 책을 보며 나의 진로, 꿈을 더 구체적으로 계획해 볼 수 있었다. 나와 같이 고민이 있는 사람들에게 강력히 추천한다._김다엘(상암중학교)

나는 "왜 내가 이런 감정을 느낄까? 왜 내가 이런 행동을 할까?"에 대한 고민을 가지고 있었는데, 이 책을 읽으면서 내가 지금 느끼고 있는 갈등은 나에게 또 다른 성장이란 것을 알게 되었다. 이렇게 나뿐만 아니라, 사춘기를 겪는 모든 청소년에게 도움이 될 것 같다. 때때로 친구들이 자신의 감정을 처리하는 과정에서 우울감을 느끼거나 무기력해질 수 있는데, 그것은 성장하는 과정이라는 것을 배우게 되었다. 그리고 누구나 겪는 일이라고 알게 되었다. 그러고 나니 그런 친구들을 대할 때, 나도 모르는 나의 감정을 대할 때 훨씬 편안해졌다. 뿐만 아니라 사춘기에 겪는 다양한 고민을 하는 친구들이 읽는다면 도움이 될 것 같다._최다은(명현중학교 회장)

시간의 대부분을 경쟁과 갈등, 방황에 소비하는 어린 학생들부터 성인들까지 읽어볼 만한 책입니다. 그들이 타인과의 관계를 어떻게 대해야 하는지에 대한 해답이 들어있다고 생각합니다. 특히 이 책은 저처럼 군 생활을 하는 사람들과 크고 작은 갈등으로 힘들었던 사람들에게, 이를 어떻게 극복해나가야 할지 도움을 줄 것입니다. 이 책을 만난 건 저에게 행운이었습니다._조범규(건국대학교)

초대의 글_누구를 위한 책일까요?

나에게 조금이라도 가까운 점이 있다면 체크해보세요.

□ 지구별에서 팬데믹을 겪은 적이 있나요?

□ 학교에 가기 싫을 정도로

　아침에 일어나는 게 힘들었던 적이 있나요?

□ 내가 용기를 내서 무엇인가를 표현하고 싶었던 적이 있나요?

□ 친구의 고민을 듣고 있는데,

　어떻게 도와줘야 할지 막막했던 적이 있나요?

□ 내가 꿈꾸는 대로 살아가고 싶나요?

□ 다른 청소년들에게 도움을 주고 싶었던 적이 있나요?

□ 친구와의 관계가 고민이 되었던 적이 있나요?

□ 내가 내 삶을 원하는 대로 살아가고 싶나요?

□ 청소년기를 잘 맞이하고 싶나요?

□ 내 청소년기를 되돌아보고 싶나요?

위에 제시한 질문 가운데 하나라도 해당하는 게 있나요? 이 책은 바로 그런 분을 위해 준비한 것입니다.

어떤 고민은 남들이 보기에는 사소하다고 할 수 있지만, 당사자에게는 삶을 유지하기 힘든 것일 수도 있습니다. 하지만 고민이 너무 심각해지면 우리는 종종 이것을 피하기도 합니다.

저는 여러분이 이 책을 읽고 다음과 같은 기대를 품게 되길 소망합니다.

✓ 나만 고민을 가진 게 아니네.
✓ 나 이대로도 충분히 괜찮은 사람이네.
✓ 누군가 고민을 하고 있을 때 잘 도와줄 수 있겠다.
✓ 혼자 끙끙 앓고 있는 시간도 소중한 것이구나.
✓ 용기 내서 한 발짝 앞으로 나아가고 싶어.
✓ 내 모든 감정은 삶에 자원이 되겠구나.
✓ 실수하더라도 복구할 수 있는 방법은 많구나.
✓ 청소년들을 아낌없이 지원할 수 있겠다.
✓ 고민하고 있을 때, 실질적이고 구체적인 내용으로 도움이 되었어.
✓ 청소년의 마음 속에서 무슨 일이 벌어지는지 알게 되었어.

이런 기대를 경험하고 싶으신가요? 이 책에는 위와 같은 내용이 담겨 있어요.

'나는 저런 고민 따위 없는데, 왜 자꾸 고민 타령이냐'고요? 맞아요. 청소년들의 삶은 다양해요. 고민이 없는 청소년기를 보낼 수 있어요. 당장 도움이 되지 않을 수도 있습니다. 다만 시간이 지나 어느 날 문득 이 책의 내용이 자신에게 의미 있게 다가올 수도 있을 겁니다. 그때 도움이 되면 좋겠습니다.

책은 처음부터 쭉 읽어도 좋고, 글이 실린 차례를 보면서 궁금한 부분이나 호기심이 생기는 부분부터 읽어도 좋아요.

최대한 다양한 이야기를 담아보려고 했지만, 다 담지 못했습니다. 각 장에 여러분이 느끼는 삶의 어려움에 어떻게 다가가고 있는지 자신은 물론 주변 사람들의 모습까지 살펴보기를 권합니다. 그러다 보면 글자와 글자 사이 수많은 여백을 여러분의 마음으로 채울 수 있을 것입니다.

요즘에는 학교 밖에서 생활하는 청소년들도 많습니다. 모두를 고려해서 쓰다 보니, 내용이 자꾸 늘어나서 조정할 수밖에 없었는데요, 이 점 때문에 어쩌면 학교에 있는 청소년들만 대상으로 책을 쓴 게 아니냐는 의문이 들지도 모릅니다. 혹시 여러분이 학교 밖에 있다면, '학교'라는 단어를 '내가 속한 공동체'로 바꿔 읽으면 좋겠습니다.

이 책에서는 '부모님' '엄마' '아빠'라는 단어를 자주 사용합니다. '보호자'나 '양육자' '어른'으로 표현해보았더니 어감이

별로 적절하지 못해 보여서, 부모님, 엄마, 아빠로 적었습니다. 하지만 현실에는 다양한 부모님의 역할을 해주시는 분들이 있어요. 다양한 형태의 가족이 있다는 것도 충분히 이해합니다.

여러 한계적인 상황을 잘 담아내지 못했지만, 언어보다는 제가 담으려고 했던 진심을 알아주셨으면 좋겠어요. 이 책의 핵심은 여러분이 스스로 "나 자신과 나를 둘러싼 관계에 대해" 생각해볼 기회를 얻는 것입니다.

나와 나 자신, 나를 둘러싼 사람들이 적이 아닌 협조자가 되기를 기대해요.

책을 읽다가 떠오르는 친구가 있다면, 그를 기억해두었다가 꼭 이 책의 내용을 말해주세요. 내가 누군가에게 설명한다면, 책의 내용을 정리하는 데 큰 도움이 될 거예요. 내가 실행에 옮기기도 좋을 테고요. 직접 설명하는 게 부담스럽다면 '보여주는' 방식을 택해도 좋습니다. 책을 읽으면서 부모님이나 친구들에게 보여주고 싶은 내용이 나온다면, 밑줄을 그어두었다가 보여주세요.

[속닥속닥] 이라고 쓴 부분은 여러분과 대화하고 싶은 마음에 작성해보았어요. 질문을 읽고 답변하면, 생각을 정리하는 데 도움이 될 거예요. 제가 영상을 찍어 QR코드로 넣어두었어요. 영상은 속닥속닥 일부 내용을 여러분들과 소통하고 싶어서

찍은 내용입니다.

책에 등장하는 인물들은 현실에서 겪었던 일들을 바탕으로 만들어낸 가상 인물입니다. 이름은 모두 가명이고요. 그러니 내 이름이 책에 등장한다고 해서 놀라지 마세요. 큰 의미는 없습니다.

어떤 인물들이 있는지 궁금한가요? 어떤 고민이 있는지도 궁금한가요?

차례에서 어느 부분부터 읽고 싶나요? 이제 차례를 보면서 내가 가장 궁금한 부분을 찾아볼까요?

차례

1장
나를 이해하기
생각보다 멋진 나

사춘기와 뇌과학
내가 흔들릴 수밖에 없는 이유

tvN 드라마 〈응답하라 1998〉 1회를 보면 "아빠 엄마가 미안하다. 잘 몰라서 그려. 이 아빠도 태어날 때부터 아빠가 아니잖어. 아빠도 아빠가 처음이니깐…. 긍께 우리 딸이 쪼까 봐줘." 라는 대사가 나와요.

아빠와 딸의 대화였는데요, 아빠가 자기를 이해하지 못한다고 딸이 투정을 부리자 이렇게 대답한 것입니다. 자녀가 어려움을 겪고 있는 것도, 부모님이 그런 자식을 마주하는 것도 처음이지요. 여러분은 부모님이 나를 얼마나 이해하신다고 생각하나요?

청소년기는 뇌가 불균형한 상태에서 균형을 갖춘 상태로 계속 발달해가는 시기입니다. 완성형이 아니고 진행형이므로 청소년기엔 특히 정서적으로나 신체적으로 민감해질 수밖에 없습니다.

유미는 학교에서 즐겁게 생활하던 학생이었어요. 그런데 어느 날 집에서 밥을 먹으려고 하는데, 좋아하는 반찬이 하나도 없는 거예요. 며칠 전 친구들과 싸운 것도 화가 나서 힘든

데, 밥상에 좋아하는 반찬 하나 없으니 더 속상했습니다. 유미는 자기도 모르게 "왜 이렇게 먹을 게 하나도 없어?"라고 말했습니다. 부모님은 그 말을 듣고 "네가 부족한 게 뭐가 있다고 그러니. 감사하면서 맛있게 먹어봐."라고 하셨어요.

물론 유미는 부모님께서 힘들게 음식을 준비하고 가족을 위해 정성껏 상을 차리셨다는 것쯤 잘 알고 있습니다. 다만 엊그제 친구와 있었던 속상한 일 때문에 투정을 부린 거예요. 그냥 음식으로라도 위로받고 싶었던 것입니다. 그런데 부모님께서는 유미가 어떤 상태인지 미처 살펴보지 않은 채 일방적으로 "감사하면서 맛있게 먹어봐."라고 명령하셨으니 유미는 더욱더 속상했겠지요. 결국 유미는 밥을 먹다 말고 "안 먹을래." 하면서 방으로 들어가서 울었습니다.

여러분도 한 번쯤 경험한 상황 아닌가요? 청소년기에 나타나는 반항기를 일컬어 흔히 '중2병'이라고 합니다. 앞의 예에

서 유미의 부모님은 아이의 마음에 귀를 기울여볼 생각을 못하고 유미에게 본인의 생각만 말씀하셨어요. 유미는 무더운 여름날에 이불을 뒤집어쓰고 '왜 이렇게 덥지?' 하는 상황인데 부모님이 와서 이불을 하나 더 덮어준 것 같은 꼴이 된 것입니다. 결코 유미가 성격이 나빠서 짜증을 낸 게 아니에요. 거의 모든 짜증에는 이유가 있거든요.

청소년기에 왜 짜증을 내는지 뇌를 살펴보도록 해요. 많은 뇌과학자가 "인간의 뇌는 평균적으로 어린 시절(3세 이전)과 청소년기에 가장 빨리 발달한다."라고 말합니다. 3세 이전에는 움직이고 말하는 방법을 배울 뿐만 아니라 신체가 발달하는 시기이므로 각 발달 단계에 따라 뇌가 활발하게 성장한다고 해요.

청소년기는 성인기로 접어들기 전에 뇌의 균형을 이루는 시기입니다. 매일 매일 발달 중인 뇌의 각 부분은 마치 줄타기를 하는 것 같답니다. 여러분도 서커스 같은 공연에서 외줄 타

는 광대를 본 적이 있을 거예요. 공중에 매달린 밧줄 위에 서서 떨어지지 않고 끝까지 가려면 도대체 얼마나 노력해야 하는 걸까요? 저는 잘 상상이 안 되는데, 여러분은 어때요? 청소년기의 뇌가 딱 그 상태입니다. 아슬아슬하게 외줄을 타면서, 좌로 우로 균형을 맞춰갑니다.

뇌세포들 입장에서는 줄타기를 하면서 또 사방으로 연결해나가는 일이 엄청 힘듭니다. 어려운 일이 생기면 연결하는 것 자체가 더욱더 힘들어지고요. 마음을 다스리기 어려우니 더 많이 넘어지고 더 자주 떨어지면서 괴로운 상태가 되겠지요. 하지만 뇌는 지금 너무도 열심히 일하는 중입니다. 과다한 에너지를 사용하고 있어요. 이것이 바로 성장하고 있다는 증거입니다. 성인들 대다수는 이 시기를 거쳐 건강하게 살아가고 있어요. 그러니 청소년기의 불안함이나 '내 마음을 나도 모르는' 불편함 같은 것은 대개 일시적인 거예요. 독일의 문호 괴테는 《파우스트》라는 고전소설에서 "인간은 노력하는 한 방황하는 법이다."라는 멋진 말을 남겼는데요, 이 말이 청소년기의 뇌발달 상황에 딱 맞는 것 같습니다. 그러니, 이렇게 수고하고 있는 나의 뇌를, 다른 사람은 몰라도 나 자신만큼은 꼭 알아줘야 하겠지요?

자, 다시 여러분이 왜 어른들보다 쉽게 짜증에 노출되는가 하는 문제로 돌아가보아요.

청소년기는 다른 시기보다 스트레스에 취약합니다. 그래서 더 쉽게 화가 나고, 더 자주 짜증이 나는 것입니다. 조금 더 과학적으로 접근해볼까요?

원시시대부터 우리 인간은 위험한 동물을 만나면 "3F 반응"을 보였습니다. 동물의 세계를 다룬 다큐멘터리에도 종종 나오는 장면들인데요. "3F"란 스트레스 상황에서 생존하기 위해 선택하는 "싸우기(Fight), 도망가기(Flight), 얼어붙기(Freeze)"를 말합니다.

고양이의 모습을 상상하며 3F를 살펴보도록 해요. 골목에서 길고양이를 마주친 적이 있나요? 저는 고양이가 깜짝 놀라서 아무것도 하지 못하는 모습을 본 적이 있어요. 그때 고양이는 숨도 쉬지 않는 것처럼 보였어요. 이는 '얼어붙기'로, 두려움에 어떤 것도 선택하지 못하는 것입니다.

그러다 고양이는 안전한 곳으로 재빠르게 사라지지요. 이것은 무엇일까요? '도망가기'입니다. 고양이는 본능적으로 저를 위협 요소로 느끼고는 안전한 곳으로 이동한 것입니다.

고양이와 고양이가 마주치는 경우도 볼 수 있지요. 그때 고양이들은 으르렁 소리를 내면서, 상대방에게 "세게" 보이고 싶어 합니다. 그러면서 싸움이 시작되지요. 이것은 무엇일

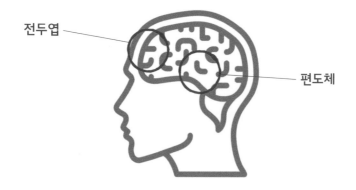

전두엽

편도체

까요? 맞습니다. 싸우기입니다. 육체적으로 위협을 가하는 것뿐만 아니라, 소리도 내면서 자신의 힘을 보여줍니다. 우리도 위험한 순간을 맞거나 두려움을 인식하게 되면, 3F로 반응합니다.

언제 그렇게 반응할까요? 청소년기에는 머리에서 앞부분을 차지하고 있는 전두엽이 가장 천천히 발달하는 반면 편도체는 아주 빠르게 반응하는 시기입니다. 전두엽은 이성적 판단, 의사 결정을 돕는 부분이고, 편도체는 생존을 위해 반응을 선택할 수 있도록 돕는 기관이에요. 예를 들어, 시험을 앞두고 친구들과 PC방에 가는 대신 도서관에 가는 행동은 전두엽의 활약에 힘입은 것입니다. 당장의 즐거움은 줄 수 없지만, 자신에게 도움이 될 수 있는 행동을 선택하는 것이지요. 전두엽이 활성화되면 자신의 감정을 다스릴 수 있게 됩니다. 하지만 충동적으로 자신이 좋아하는 일만 하면, 편도체가 활성화된 상태이겠지요.

청소년기에는 편도체가 더 빠르게 반응하기 때문에 굳이 스트레스 상황이 아니더라도 3F 방식으로 대응한다고 합니다. 전두엽을 발달시키는 데엔 충분한 휴식, 적절한 운동, 독서, 노래 부르기, 그림 그리기 등이 도움이 됩니다. 무엇보다 자신이 즐겁게 할 수 있는 활동을 선택하면 되지요. 염려 말아요.

어른들은 누구나 청소년기를 겪어왔기 때문에, 그 시기만 지나면 '괜찮아'지고 '살 만해'진다는 것을 알고 있어요. 다 경험 덕분이지요. 그런데 인간은 망각의 동물이라고 하듯, 시간이 지나면서 그 사실을 잊은 거예요. 본인들은 마치 그런 어수선한 상황을 지나오지 않은 것처럼, 완벽한 청소년기를 보낸 것처럼 착각하죠. 반면, 청소년들은 자신이 겪고 있는 어려움을 먼저 경험한 선배들에게 이해받고 싶은데 그게 잘 안되니 속상한 겁니다. "맞아, 우리도 그랬어." "그 마음 나도 알지." 이런 대답을 듣고 격려받고 싶은데 무슨 말만 꺼내면 "감사히 생각하라." 같은 충고나 조언을 해주니 속상할 수밖에 없습니다.

재미있는 연구 결과를 하나 소개할게요. 미국 스탠퍼드대 의과대학 다니엘 에이브람스(Daniel A. Abrams) 교수님과 연구팀들이 청소년이 반응하는 목소리를 연구했어요.* 청소년들은 익숙한 목소리에는 반응을 보이지 않고, 새로운 목소리에는 반응을 보였다고 합니다. 청소년기는 뇌가 가장 적극적으로 발달하는 시기여서 자연스레 새로운 것에 호기심을 가지게 된답니다. 그러니 늘 접하는 익숙한 목소리보다는 낯선 소리에 반응을 보인 거죠. 어쩌면 어른들은 그런 반응에 속상할 수도 있겠네요. "어, 우리 애가 나를 무시하는 건가?" 하면서요.

부모님의 잔소리에 어려움을 겪던 가람이가 생각납니다. 가람이 부모님은 아침마다 정성껏 밥을 차려주셨대요. 가람이는 10분이라도 더 잠을 자고 싶은데, 부모님은 아침마다 깨워

---

* 유지한, "'중2병' 사춘기 두뇌, 엄마 말보다 이 사람 말에 더 민감", 조선일보, 2022.5.1.

아침을 먹으라고 했답니다. 처음에는 가람이도 노력했어요. 부모님과 싸우기 싫어서, 아침마다 상을 차리는 분의 정성을 생각해서 억지로 먹기도 했습니다. 하지만 도저히 밥이 넘어가지 않는 날이면 부모님께 짜증을 내면서 싸웠다고 합니다. 그러다 보니 언젠가부터 아침 먹는 자리가 전쟁터처럼 느껴지더라는 거예요. 가람이는 가람이 대로 부모님과 싸우는 게 싫고 지겨웠답니다. 아침에 부모님과 싸우고 학교에 가면 기분이 좋을리 없잖아요.

가람이는 학교에서 배운 **1인칭 대화법**을 통하여 자신의 감정을 최대한 표현할 수 있도록 시도했습니다. '1인칭 대화법'은 나를 중심에 놓고 이야기하는 방법으로 **상대방에게 자신이 어떤 상태에 있는지를 보다 정확하게 알려주는 방법**이지요. 이렇게 말이에요.

"엄마 아빠, 저는 아침에 조금이라도 더 자고 싶어요. 그런데 매일 아침밥을 먹어야 하니 저도 일찍 일어나야 하잖아요? 저는 그게 괴로워요. 아침을 조금 간편하게 먹을 수 있다면 제가 더 잘 먹을 수 있을 것 같아요."

가람이는 마침내 자신의 마음이 어떤 상태인지를 부모님께 솔직하게 알렸습니다. 다행히 부모님은 가람이의 마음을 이해해주셨어요. "무조건 강요해서 미안하다."라면서 부모님의 속마음도 표현해주셨고요. 가람이는 이 경험으로 자신의 진짜 마음을 알리는 일이 얼마나 중요한지 깨달았다고 합니다. 이처럼 1인칭 대화법은 내 상태가 어떤지 알려주기에 서로 이해하는 데 많은 도움을 줍니다.

제가 걱정하는 부분이 있어요. 보건복지부에서 발표한 "2022년 청소년 보고서"를 살펴보니, 청소년의 약 40퍼센트가 우울감을 경험했다고 나오더군요. 한 교실에 있는 10명 중 4명이 우울감을 경험하고, 힘든 시간을 보낸 적이 있다는 뜻입니다.

10명 중 4명이라니, 너무 큰 비율이지요? 청소년기는 앞서 이야기한 대로 급격히 성장하는 시기인 만큼 스트레스에 몹시 취약합니다. 그러니 인생의 다른 시기를 지나는 사람에 비해 더 우울하게 느낄 수밖에 없지요. 이럴 땐 어떡해야 할까요?

여러분, 도움이 필요할 때는 반드시 주변 사람들에게 요청하세요. 혼자 해결하려고 애쓰지 마세요. 지금 여러분이 겪고 있는 어려운 상황을 여러분 탓으로 몰고 가지 마세요. 내 마음이 힘들거나 슬픈 것은 내 잘못이 아니에요. 누군가에게 사과할 일도 아니지요.

이것만은 꼭 기억해주세요.

첫째, 나 자신을 이해해줘요. 내가 왜 이러는지 이해하고 나에게 공감하라는 뜻이지요. 청소년기는 뇌가 균형을 이루어가는 시기이므로 스트레스에 더 취약합니다. 스트레스를 받는 상황이니 나도 모르게 화를 낼 수 있는 거예요. 그러니 여러분은 이유 없이 짜증을 내고 반항하는 게 아니라 "생존을 위해" 화를 내고 있는 것입니다. 이 점을 꼭 기억하세요. 이렇게 자기 스스로에게 공감하는 연습을 하면 전두엽이 발달하게 되어, 뇌의 균형잡기가 훨씬 수월해집니다.

둘째, 어른들과 소통하기 어려워지면 흔히 생존의 방식을 택하게 되는데요. 이때 각자에게 무엇이 중요한지 허심탄회하게 털어놓는 **1인칭 대화법을 시도해보세요**. 서로의 말을 경청하게 되면 편도체가 편안해지면서 전두엽이 활성화됩니다.

마지막으로 **도움이 필요할 때는 도움을 요청해요**. 구체적으로 내가 필요한 부분이 무엇인지 표현하세요. 직접 도움을 요청하지 않는다면, 다른 사람들은 내게 어떤 도움이 필요한지 모릅니다. 도움을 요청하는 것은 발전할 가능성을 만들어가는 기회가 됩니다.

내 안에 있는 숨은 보물찾기
지금 이대로 충분해요

〈한끼줍쇼〉 42회에서 강호동 님이 길거리에서 "어떤 사람이 되고 싶어?"라고 어린이에게 묻자, 옆에 있던 이경규 님이 "훌륭한 사람이 되어야지."라고 대답했어요. 보통 어른들도 그렇게 말하잖아요, "커서 훌륭한 사람이 되어야지." 하고요. 그러자 옆에 있던 이효리 님이 "뭘 훌륭한 사람이 돼. 그냥 아무나 돼. 너무 예쁘니깐 성형수술 하지 마."라고 말했습니다. '그냥 아무나 돼'라는 말은 각자가 하고 싶은 대로 사는 것이 중요하다는 뜻이고, '성형수술 하지 마'라는 말은 지금 이대로도 충분히 아름답다는 뜻이겠지요.

어른들이 흔히 하는 "훌륭한 사람이 되어라."라는 말은 아이들이 지금보다 더 멋지게 성장하기를 바란다는 뜻입니다. 하지만 이 말 안에는 훌륭한 미래를 위해서 현재를 포기하라는 뜻이 숨어 있답니다. 〈나쁜 엄마〉라는 드라마의 한 장면이 떠오르는군요. 아들을 힘 있고 훌륭한 어른으로 키우고 싶었던 어머니는 밥도 조금 먹게 하고, 잠을 줄이게 하고, 친구랑 놀지도 못 하게 합니다(물론 엄마에겐 사정이 있었지만요). 아들은 끊임없이 노력하기를 강요받으며 자라요. 이럴 때 여러분 마음은 어떨 것 같아요? 몹시 힘들고 불편하겠지요?

하버드 대학교의 마이클 샌델(Michael Sandel) 교수님은 무한 경쟁 사회가 될 수 없는 이유를 다음과 같이 설명합니다. 개인주의와 능력주의를 바탕으로 성장한 미국은 능력이 뛰어난 사람에게 더 많은 보상을 주는 것처럼 보입니다.* 그 때문에 많은 사람이 '노력하면 원하는 것을 얻을 수 있다.'라고 생각하죠. 성공한 사람들은 자신의 능력 덕분에 결과를 이뤄냈다고 여기면서 실패한 이들을 '뭔가 능력이 좀 모자란' 사람으로 무시합니다.

정말 그럴까요? 태어날 때부터 능력이 100인 사람이 있고, 10인 사람이 있는 걸까요? 샌델은 여기에 의문을 제기합니다. 축적되어온 경제적 능력에 따라 암암리에 계층이 분리되고, 그에 따라 소위 '개인의 능력'이라는 것도 만들어진다고 말이에요. 그런데 어른들만 그런 게 아닙니다. 청소년 여러분의 삶과 생각도 마찬가지입니다. 한번 생각해보세요. 우리 역시 다른 사람들이 만들어놓은 기준에 맞추기 위해서 매일 노력하고, 그 기준을 맞추게 되었을 때 비로소 성공했다고 생각하지 않나요?

이런 고민에 빠진 중학생 경쟁이를 만난 적이 있어요. 경쟁이는 남들에겐 걱정이 하나도 없어 보이는 친구입니다. 학교에서도 친구들 사이에 인기가 많았죠. 선생님들도 경쟁이가 무엇이든 잘 해낸다고 아낌없이 칭찬해주셨습니다. 경쟁이는

* 마이클 샌델 지음, 함규진 옮김, 《공정하다는 착각》, 와이즈베리, 2020.

칭찬을 들을 때마다 기분이 좋았어요. 그래서 칭찬을 듣기 위해 끊임없이 노력했지요. 그런데 자신이 아무리 노력해도 '해낼 수 없는' 일이 있다는 걸 알게 되었습니다. 열심히 운동하고 노력하는데도 생각처럼 키가 얼른얼른 크지 않는 거예요. 키만 그런 게 아니었습니다. 노력해도 되지 않는 것들이 하나둘 늘어나기 시작했어요. 경쟁이는 속상해하면서도 더 노력하기로 마음먹었습니다.

경쟁이는 제게도 늘 밝은 모습을 보여주었어요. 그런데 어느 날 마음이 너무 힘들다고 하소연하는 게 아니겠어요? "칭찬을 많이 들으려고 엄청나게 노력했을 텐데, 참 힘들었겠네요."라고 말을 건네자 경쟁이는 눈물을 흘리기 시작했어요. 얼마나 고통스러웠으면 눈물을 다 흘렸겠어요? 칭찬을 듣기 위해 노력하고, 또 남들을 만족시키기 위해 노력하다 보니, 정작 자기 자신은 만족하기 어려운 시간을 보내고 있었겠지요.

우리도 마찬가지예요. 학교에서도 경쟁이고, 학교 밖에서도 경쟁의 연속입니다. 그야말로 무한 경쟁의 시대에서 너 나 할 것 없이 살아남기 위해 몸부림치고 있어요. 누군가와 끊임없이 비교하며 자기 자신을 평가하지요. 남에게 뒤처질까 봐 혹은 성장하기 위해서 날마다 매 시각 끊임없이 애씁니다. 물론 잘못된 일은 아니에요. 이 또한 내가 삶에서 최선을 다하고 있다는 증거니까요.

'비교하기'에 대하여 다시 생각하게 된 이야기가 있어요. 한쪽 다리가 절단되어 상실감에 젖은 청년이 있었습니다. 그는 자신이 처한 현실을 극도로 원망하면서 지나온 날을 후회하고 있었어요. 그러던 어느 날, 청년은 "나보다 더 힘든 상황에 부닥친 사람들도 있을 텐데…" 하고 생각했습니다. 그들을 떠 올리며 희망을 찾아보기로 마음먹었죠. 하지만 잠시일 뿐, 청년은 다음 날 또 무너지고 말았습니다. 자신의 눈앞에서 두 다리로 걷고 뛰는 사람들의 모습을 보다 보니 자신의 비참함이 더욱 도드라져 보였기 때문입니다. 어떤 날은 자신보다 못한 상황에 있는 사람을 만났고, 또 어떤 날에는 자신보다 훨씬 형편이 편안한 사람을 만나기도 했습니다. 저 사람보다는 비참하지 않지만, 이 사람보다는 비참하다고 느끼는 날들이 이어졌죠. 그러던 어느 날, 교통사고로 크게 다쳤으나 두 다리가 멀쩡한 남성을 알게 되었습니다. 청년은 그 남성이 몹시 부러웠어요. 부상을 입긴 했지만 여전히 다리를 쓸 수 있잖아요. 부러움과 한탄이 교차하는 순간, 남성이 이렇게 말했습니다. "나는 몸에만 부상을 입었지만, 아내는 세상을 떠났습니다."*

"상실을 비교할 때, 누군가의 상실이 자신의 상실보다 더 상황이 나아 보이거나 또는 더 안 좋게 보일 수도 있다. 하지만 모든 상실은 다 고통스럽다."†라고 엘리자베스 퀴블러 로스 (Elisabeth Kübler-Ross)는 말합니다. 비교는 자신에게 위안과 자책을 동시에 가져다줍니다.

---

* 엘리자베스 퀴블러 로스 지음, 김소향 옮김,《상실수업》, 2014, p.55.
† 엘리자베스 퀴블러 로스 지음. 김소향 옮김.《상실수업》, 2014, p.55.

비교의 소재는 한둘이 아닙니다. 신체 상태를 비교하는 것은 그야말로 빙산의 일각이지요. 형편이 어려운 사람을 보면 그들보다는 내 형편이 좋다고 생각하고, 나보다 형편이 나은 사람을 보면 자신을 탓하거나 부러워합니다.

물론 비교하기에도 긍정적인 측면이 있습니다. 우리는 종종 비교를 통해서 성장하기도 하니까요. 더 높은 목표를 향해 노력하는 동기를 부여받기도 하고요. 그러나 비교는 많은 경우 성장보다는 괴로움을 더 많이 안겨줍니다. 자존감을 잃게 만들지요. 특히 청소년 여러분에게 내 자신을 있는 그대로 보는 것이 중요하다고 강조하는 이유입니다.

여러분은 자기 자신을 어떻게 바라보고 있나요? 외모로 자신을 평가할 때 혹시 "나는 ○○보다는 키가 크고, ◇◇보다는 키가 작아."라고 생각하나요? 그렇습니다. 기준을 어디에 두고 있느냐에 따라서 나는 '키가 더 큰' 사람이 될 수도 있고 '키가 더 작은' 사람도 될 수 있습니다. 그런데, 외적으로도 나를 누군가와 비교하지 않고 있는 그대로 볼 수 있답니다. 방법을 알려드릴게요.

우선 나 스스로를 있는 그대로 "나는 ○○○(이)야.'라고 말해봅니다. 내 이름을 입 밖에 내는 순간, 뭔가 나 자신이 특별한 사람, 이 지구상에 단 하나밖에 없는 사람이라는 느낌이 '팍' 오지 않아요? 지금 이렇게 당당하게 내 이름 석 자를 말하는 사람은 나 하나뿐이잖아요. 혹시 여러분 눈에 자기 이름을 말하고 있는 '또 다른 나'가 보입니까? 아니지요, 그런 일은 SF 영화나 소설에서만 가능한 일입니다. 이 자리에서 이 글을 읽으며 무릎을 치는 여러분 자신이 단 하나 존재하는 것처럼요.

내 존재 그 자체를 어떤 수식어로도 보지 않고, 있는 그대로 본다는 것은 쉽지 않은 일입니다. 그러나 **나는 존재하는 그대로 충분한** ○○○**이지요.** 스스로의 내면을 볼 수도 있고, 외적인 것도 볼 수 있습니다. 어떤 판단이나 평가 너머에 있는 나 말이지요. 이렇게 있는 그대로의 나를 보기 위해서 우리는 '거울 보기'를 시도할 수 있습니다.

여러분은 평소에 왜 거울을 보나요? 얼굴에 무엇이 묻었는지, 헤어스타일은 마음에 드는지, 옷은 제대로 입었는지 확인하려고 봅니다. 자, 이제 아무 생각 없이 30초 정도 거울을 바라보세요.

혹시 나 아닌 누군가의 목소리가 들리나요? 많은 사람이 거울을 보면서 다른 사람의 목소리를 듣는다고 합니다. "☆☆아, 너는 왜 그렇게 생겼어?" "너는 왜 이렇게 키가 작아?" "넌 눈이 너무 크다." 등등 살면서 언젠가 들었던 다른 사람들의 목

소리로 거울 속의 나를 바라본다는 것인데요. 이 점을 잊지 말고 '거울 보기'를 하면 자신을 있는 그대로 바라보는 연습을 할 수 있습니다. 다른 사람들의 목소리를 걷어내세요. SNS에서 유명한 셀럽이나 그들을 추종하는 수많은 팔로워의 목소리는 잊어버리세요.

그냥 여러분 자신에게 집중하세요. 거울 보기는 자신의 존재를 있는 그대로 인정하고 받아들이기 위한 행동입니다. 이 훈련을 거듭하다 보면 자기 자신을 사랑할 수 있게 됩니다. 왜냐고요? 남이 나를 어떻게 생각하는지보다 내가 나를 어떻게 생각하는지가 훨씬 중요하기 때문입니다.

도도가 '거울 보기'를 시작했어요. 거울 앞에 서서 거울을 보았습니다. "나를 닮아서 턱이 뾰족하네."라고 하셨던 부모님 말씀이 가장 먼저 떠올랐어요. 도도는 자기 자신을 있는 그대로 보는 게 쉽지 않다는 것을 깨닫습니다. 어떻게 해야 할지 막막했지요.

좋은 방법이 있어요. 우선, 다른 사람의 목소리로 나를 보고 있다는 것을 인식하는 겁니다. 지금 도도는 자기 자신을 부모님의 시각으로 인식하고 있잖아요? 이제 자기 자신에게 어떻게 다가가고 싶은지 물어보세요. 도도는 "나 자신에게 웃어 주고 싶어요."라고 말했습니다. 도도는 본인의 바람대로 거울을 보고 웃었다고 합니다. 이렇게 웃다 보니 자꾸 웃음이 났고, 결국 거울 앞에서 한참 웃었다고 합니다. 도도는 거울을 보면서 자기 자신을 깊게 보게 된 것이지요.

예전에는 거울 앞에서 단점 찾기에만 급급했는데 이제는 거울 앞에 서서 자신을 응원하는 사람이 된 것입니다. 이렇게 도도는 거울 앞에서 웃으면서 자신을 칭찬하고 격려하기 시작했습니다. 어느 날은 거울 앞에 선 자신을 만나는 시간이 기다려지기도 했대요. 학교나 학원에서 짜증 나는 일이 벌어져도 거울 보기를 하며 웃는 생각을 하게 되었고요.

금을 찾으려고 전 세계를 여행했던 사람이 있어요. 그는 자신이 가진 전 재산을 털어 금을 찾으러 떠났지요. 여행길에서 그는 강도도 만나고 사기도 당하는 등 온갖 어려움을 겪었습니다. 그러던 중 금이 있다고 하는 곳에 마침내 도착하여 땅을 열심히 파보았습니다. 그런데 금은 발견되지 않았습니다.

빈털터리에 몸도 마음도 망가진 그는 무기력해진 모습으로 고향에 돌아갔습니다. 그런데 이게 웬일이죠? 자신이 찾던 보물이 고향에서 나온 거예요. 네, 파울로 코엘료의 《연금술사》에 나오는 주인공 산티아고의 이야기인데요, 아마 많이 알고 있을 겁니다. 보물을 찾아 먼 길을 떠났지만, 결국 보물은 자신과 가장 가까운 곳에 있었다는 이야기지요.

우리 일상은 무한 경쟁을 부추깁니다. 경쟁 속에서 살아남기 위해서 노력하는 것은 당연해요. 때론 노력하다가 지쳐서 포기하기도 합니다. 그러다 보니 다른 사람들이 만든 기준으로 나를 평가하고 판단하게 될 때가 많습니다. 하지만 나 자신은 다른 사람들이 뭐라 해도 소중한 존재라는 것을 꼭 기억해주기 바랍니다. 우리의 일상은 주인공 산티아고처럼 금을 찾아 멀리 여행을 떠나는 힘겨운 날들일 수도 있어요. 하지만 그의 경우처럼 보물은 생각보다 늘 가까이 있답니다. 바로 내 자신 안에요. 엄청난 보물이 내 안에 있는데, 그것을 찾지 못하고 생을 마감한다면, 어떨까요? 참으로 안타까운 일입니다. 내 안에 숨은 보물을 찾아보세요. 내가 곧 '보물상자'입니다.

나에게 친절하기
내가 생각하는 것보다 더 괜찮은 나

  '도브(Dove)'는 비누, 바디워시, 데오드란트, 헤어용품 등을 제조하여 판매하는 유니레버의 브랜드입니다. 이곳에서는 2004년부터 아름다움을 주제로 캠페인을 실시했어요. 그 내용은 "당신은 당신이 생각하는 것보다 아름다워요(You're more beautiful than you think)."입니다. 그런데 캠페인이 조금 독특합니다. 영상에 FBI 수사물에나 등장할 법한 몽타주가 나오거든요. 몽타주란 범인들을 찾기 위해서 목격자의 진술을 토대로 용의자의 모습을 그린 것입니다. 몽타주를 그리는 사람은 다른 사람의 말만 듣고 그 사람의 모습을 재연할 수 있도록 특

별한 훈련을 받은 사람이에요. 그러니까 누구를 그리는 것인지 모르는 상태에서 다른 사람들의 말만 듣고 얼굴을 그리는 것이지요.

앞의 그림*은 같은 사람, 즉 동일 인물을 표현한 것입니다. 두 사람이 저마다 설명하는 내용을 잘 듣고 몽타주 화가가 그린 것이지요. 어때요? 같은 사람을 그렸다고는 상상되지 않는데요. 하나는 본인이 자기 얼굴을 설명한 대로 그린 것이고, 다른 하나는 타인이 설명한 내용을 근거로 그린 것입니다.

여러분은 어떤 그림이 자기 자신을 설명한 그림이라고 생각해요? 바로 왼쪽입니다. 오른쪽은 다른 사람이 몽타주 그리는 사람에게 설명해준 정보를 기본으로 그린 거예요. 이 인물들뿐 아니라, 다른 인물들도 위와 같은 결과가 나왔어요. 이 작업이 말하고자 하는 내용이 뭐냐고요? 바로 "내가 표현한 나보다 다른 사람들이 표현한 내가 훨씬 더 아름답다."라는 점입니다. 또한 앞서 살펴본 것처럼 우리는 거울을 볼 때 자신의 단점부터 본다는 증거이기도 합니다.

사람들은 대개 다른 사람이 나를 평가하는 것보다 훨씬 더 엄격하게 나 자신을 평가합니다. 영상에서는 자기 자신을 표현할 때, "저는 얼굴이 통통하다는 말을 많이 들었어요." "저는 이마가 크다는 말을 들었어요."와 같이 다른 사람이 자신에 대해 표현한 것을 나의 이미지로 진술했습니다. 반면 나 자신이 아닌 타인을 평가할 때는 어떤 특징을 단점으로 보지 않고,

* 위키백과 https://en.wikipedia.org/wiki/Dove_Real_Beauty_Sketches

"귀여운 턱이네요." 같은 문장처럼 상대방을 관대하게 표현했답니다.

존은 자기 얼굴에 있는 보조개를 싫어했습니다. 그래서 언제나 활짝 웃지를 않았어요. 거울을 볼 때마다, '남들에겐 없는 보조개가 왜 나에게만 있을까?' 생각했고요. 그는 보조개 모양은 물론 보조개가 볼 중앙에 나 있는 것조차 마음에 들어 하지 않았습니다. 그런데 장점 찾아주기 수업에서 여러 친구가 존의 보조개를 칭찬했지 뭐예요? 심지어 어떤 친구는 보조개가 너무 부럽다고까지 말했습니다. 존은 수업을 마치면서 "친구들이 내가 미처 생각하지 못했던 것을 장점이라고 해줘서 고마웠다."라고 말했습니다. 단점으로만 생각했던 것이 장점이 될 수 있다는 놀라운 경험을 하게 된 것입니다. 바로 '생각의 전환'이지요.

한 인터뷰에서 가수 이지은(아이유) 님은 "어릴 땐 자기혐오"가 있었다고 말했어요. 자신이 좋은 성과를 내더라도 자랑스럽지 않았다고 합니다. 그러다가 자신을 있는 그대로 받아들여야겠다고 결심했습니다. 몽타주 실험에서 알 수 있듯이 나보다 남들이 나를 더 관대하게 봅니다. 정작 자기 자신은 본인의 단점만 부각해서 보는데 말이지요. 아이유처럼 있는 그대로 자신을 받아들이기 위해서는 자신의 단점뿐 아니라 장점까지도 명확히 파악하는 게 우선이라고 생각해요. 지금 당장 몰라도 괜찮아요. 단점만 알았다면, 장점도 파악하면서, 나를 알아가면 되겠지요.

앞서 본 몽타주 실험에서처럼 '거울 보기'로 자기 스스로를 볼 때 대부분의 사람은 단점부터 표현합니다. 자기 자신을 있는 그대로 보기보다 누군가의 시선으로 자신을 보기 때문이에요. 루이스 헤이(Louise Hay)는 어린 시절에 어른들한테 들었던 나에 대한 평가가 자아를 형성하는 데 큰 영향을 미친다고 했어요.[*] 이런 것들이 쌓여 '사고의 패턴'이 된다는군요.

여러분, '인식의 창'이라는 말을 들어보셨나요? 인식의 창이란 자기 자신을 이해하고, 세상을 바라보는 관점인데요. 루이스 헤이 식으로 말하면 어린 시절 다른 사람들에게 상처받은 말로 인식의 창을 형성하게 됩니다. 내가 아닌 타인의 의견으로 자기 자신을 이해하고 규정하며, (내 것인 줄로 착각했던) 타인의 시각으로 세상을 바라보게 됩니다. 그러나 너무 걱정할 필요 없어요. 인식의 창은 변화할 수 있거든요. 자기 자신을 다른 사람의 말이나 의견, 생각으로 바라보는 것이 아니라, 나를 있는 그대로 바라보고 인정하는 훈련을 하면 된답니다. 그렇게 자꾸 연습하다 보면 사고의 패턴도 바뀌겠지요.

"비노바 바베(Vinoba Bhave)"는 간디와 함께 비폭력 운동

---

[*] 루이스 헤이 지음, 박정길 옮김, 《치유(있는 그대로의 나를 사랑하라)》, 나들목, 2012.

을 했던 활동가예요. 그는 "자애로움에서 더 자애로움으로"*라는 말을 남겼어요. 타인에게뿐만 아니라 자기 자신에게 자애로움에서 더 자애로움으로 대해야 한다는 말인데요. 자기 자신을 더 따뜻하게 대하라는 깊은 의미를 포함합니다.

저는 하루를 보내면서 밀려드는 후회에 속상할 때가 많습니다. 그럴 때마다 "너는 왜 그렇게밖에 못했니?" 하면서 자책하게 되는데요. 같은 실수를 저질러도 남보다 나에게 더 엄격한 잣대를 들이대더군요. 그만큼 "잘 해내고 싶다."라고 하는 내 마음의 반증이기도 한데, 문제는 이런 습관이 나 자신을 자애롭게 바라보지 못하게 한다는 점입니다. 정작 내가 사랑해야할 내 자신을 갉아먹으면서요. 이 점을 깨달은 순간부터 저는 자신을 더 따뜻하게 대하려고 노력하고 있습니다.

저는 한동안 카톡의 상태 메시지를 "자애로움에서 더 자애로움으로"라고 해두었는데요. 어느 날 소망이가 그게 무슨 뜻이냐고 물었습니다. 저는 "'자애로움에서 더 자애로움'은 책을 읽다가 감명받은 구절인데, 나 자신에게 더 친절해지기로 결심하고 적은 문구"라고 설명해주었어요. 제 말을 들은 소망이는 자신에게 친절하기를 선택하고 싶다고 말했습니다. 그러고는 문득문득 자신이 저지른 실수가 떠오를 때마다 "괜찮다"고 스스로에게 이야기하면서 자신이 잘한 일들을 의식적으로 떠올렸다고 합니다. 그러다 보니 반복적으로 하던 실수도 줄어

---

* 비노바 바베 지음, 김성오 옮김, 《아이들은 무엇을 어떻게 배워야 하는가》, 착한책가게, 2014, p.336.

들고 자신감이 늘었다는 거예요.

〈어쩌다 어른〉 17화에서 방송인 이금희 선생님께서 재미있는 스님 이야기를 해주셨어요. 형편이 어려운 스님이 사찰에 담을 만들어야 했어요. 벽돌도 스님이 직접 만들었어요. 오랜 시간을 공들여서 담을 만들었지요. 어느새 담이 완성되었는데, 비뚤게 박힌 벽돌이 두 개나 있었대요. 스님은 그걸 당장 부수고 싶었다고 합니다. 그런데 처음부터 다시 만들 엄두가 나질 않았대요.

담을 볼 때마다 마음에 들지 않았던 스님은 결국 그 부분은 보지 않기로 결심했다고 합니다. 그런데 어느 날 사찰에 방문했던 사람이 담이 너무나 아름답다고 하면서 누가 만들었냐고 물었대요. 스님은 "그건 제가 만든 겁니다. 벽돌 두 개가 튀어나온 바람에 망했네요."라고 대답했습니다. 그러자 방문객이 의외의 말을 하더랍니다. "그것 때문에 개성 있다고 여겼는데요?"라고 말이지요. 그러면서 "세상 어디에도 이렇게 정성스러운 담은 다시 없을 겁니다."라고 덧붙였답니다.

우리 자신도 마찬가지이지요. 세상에 같은 사람이 하나도 없듯, 나는 다른 사람과 똑같을 수 없고, 다른 사람들의 기준에 맞출 필요도 없어요. 그러니 무엇보다 중요한 것은 내가 나를 잘 봐주는 거예요. 그렇다면 어떻게 내가 나 스스로를 잘 보는 연습을 할 수 있을까요?

앞에서 '거울 보기'(32쪽)를 알려드렸는데요, 거울 보기를 통해서도 우리는 내가 나 자신을 어떻게 인식하고 있는지 알 수 있습니다. 다시 도도 이야기를 해볼게요. 도도는 자기 자신을 못생긴 아이로 인식하고 있다는 것을 알게 되었어요. 그렇게 느끼는 자신의 감정은 "속상함"이었고요. 도도는 이 깨달음에서 멈추지 않고 '휴지통 노트'를 만들었습니다. 휴지통 노트는 말 그대로 버리고 싶은 감정, 버려도 좋을 마음을 있는 그대로 적는 노트입니다. 자신의 감정을 그대로 노트에 쓰는데요, 분량을 정해두기보다는 1분이나 3분 정도 시간을 정해두고 자신이 어떤 상태인지를 쓰는 것이 훨씬 중요합니다.

　그다음으로 중요한 점은 이렇게 자기감정을 털어놓은 뒤에는 그것을 아예 들추어 보지 않는 것입니다. 물론 다른 그 누구에게도 보여주지 않아야 하고요. 이런 원칙이 지켜져야만 자기 자신도 모르는 감정들을 다 적을 수 있습니다. 때로는 누군가의 욕을 쓸 수도 있고, 때로는 비난을 퍼붓게 될 수도 있어요. 이렇게 감정을 털어놓다 보면 어느 순간 자기 자신을 온전히 바라볼 수 있게 됩니다. 사람의 마음은 우물과 같이 깊어서 자기 자신을 잘 들여다보는 게 힘들 수밖에 없습니다.

이럴 때 휴지통 노트를 써보세요. 하루 이틀 꾸준히 쓰다 보면, 깊은 내면도 잘 들여다보게 될 겁니다. 공부가 안되거나 집중하기 힘들 때도 시간을 정해두고 휴지통 노트를 써보세요 (컴퓨터로 쓸 수도 있어요. 하지만 되도록 손으로 써보세요. 컴퓨터보다는 손으로 직접 쓸 때 우리 몸의 다양한 신경과 근육을 사용하기 때문에 효과가 높습니다). 도도 역시 휴지통 노트 쓰기를 통해 자신이 어떤 마음을 가지고 생활하는지, 자신이 정말 원하고 좋아하는 일이 무엇인지 확실하게 알게 되었다고 합니다.

이 세상에는 나와 똑같은 사람이 단 한 명도 존재할 수 없습니다. 그렇기에 나와 조금이라도 비슷한 구석이 있는 사람을 만나면 편안하게 느끼게 되나 봅니다.

반면 낯선 친구를 만나면, 어색해서 무슨 말을 시작할지 잘 모르겠지요? 상대방에 대해 정보가 없으니 무슨 말을 해야 하나, 혹시 실수하면 어쩌나 걱정부터 앞섭니다. 나를 만나는 과정도 마찬가지예요. 나를 만나는 과정이 익숙하지 않다면, 낯설 수밖에 없어요.

여러분, 여러분은 자기 자신에게 어떤 말을 건네고 있나요? 자신에게 어떻게 말을 걸고 있나요? 이것을 알아채는 것은 정말 중요한 일입니다. 왜냐고요? 우리에게는 '나와 함께 보내는 시간'이 생각보다 아주 적기 때문입니다. 가만히 보면 하루 중 내가 나를 보는 시간보다 다른 사람이 나를 보는 시간이 압도적으로 많습니다. 그러니 나보다 다른 사람을 인식하면서 행동하는 게 어찌 보면 당연할 수밖에 없을 겁니다. 하지만 내 인생은 나의 것, 다른 사람을 위해서 살아갈 필요가 없습니다. 내가 선택하고, 내가 책임을 지고 살아가야 해요.

이제부터는 친한 친구나 가족보다도 나를 먼저 챙기고 나를 먼저 생각해보면 어떨까요? 내가 무엇을 원하는지, 내가 하고 싶은 일이 무엇인지, 나 스스로에게 묻고 답하는 연습을 꾸준히 하면서요. 때때로 나 스스로가 미워지거나 싫어질 수도 있어요. 그럴 때는 울컥울컥 올라오는 그런 마음도 그대로 존중해줘요. 그것도 내 모습이고, 나의 일부잖아요?

내가 제일 잘나가
너덜너덜한 마음을 다림질하고 싶을 때

광수는 요즘 쥐구멍에 숨어버렸어요. 아무것도 하지 못하고, 그 어느 곳에도 갈 수 없을 만큼 학교생활이 힘들었습니다. 날마다 괴로운 시간이 이어졌습니다. 선생님이 무슨 말씀을 하시는 건지 도무지 이해되지 않았고, 아무리 수업에 집중해보려고 노력해도 소용이 없었습니다. 간혹 선생님이 질문이라도 하시면 대답을 하지 못해 더욱더 위축되곤 했습니다.

광수에게도 즐거운 시절이 있었어요. 저학년 때까지만 해도 광수는 즐겁게 학교생활을 했답니다. 실수를 해도 친구들은 웃어주었고, 선생님들은 늘 친절하게 설명을 해주셨으며, 조금 서툴어도 발표를 통해 배울 수 있는 기회를 얻곤 했습니다.

그러나 상급학교에 진학하면서 많은 것이 달라졌어요. 발표도 하고, 질문에 대답도 하면서 최선을 다해 노력했지만 예전 같지 않았습니다. 친구들은 이미 선행학습을 통해 교과 공부를 다 마친 상태였고, 든든한 부모님의 지원 아래 마음 편히 공부하고 있었습니다. 선생님들은 이제 광수에게 눈길 한 번 주지 않아요. 광수는 점점 주눅이 들었습니다. 광수에겐 모든 아이가 자신보다 뛰어나 보였어요. 이제 광수가 할 수 있는 것은 아무것도 없나 봅니다.

민지는 점심시간에 밥을 먹고 나면 상담실에 가서 보드게임을 하고 싶었어요. 그런데 그 마음을 친구에게 전달할 수 없었습니다. 말도 꺼내지 못했죠. 결국 친구가 하고 싶은 대로 교실에서 놀았습니다. 그러다 보니, 재미도 없고 우울해지기 시작했어요. 민지는 변화하기로 결심하고, 친구에게 주말에 놀자고 했어요. 친구는 먼저 약속해둔 일이 있다면서 다음에 놀자고 했어요. "나도 그 친구들이랑 같이 끼어서 놀고 싶어."라고 말을 꺼내고 싶었지만, 또 거절당할까 봐 말을 꺼내지 못했습니다.

친구 관계도 학교생활도 엉망이 된 듯했어요. 학교에 가는 발걸음이 떨어지지 않을 정도로 자신감을 점점 잃어갔어요. 다른 친구들은 늘 웃으며 즐겁게 학교생활을 하는 것 같은데 말이에요. 민지는 늘 쭈그러져 있는 자기 자신이 정말 싫었습니다.

광수, 민지와 대화하면서 저는 가슴이 철렁 내려앉았어요. 자기 자신이 한없이 작아진다고 느끼는 것만큼 막막한 일이 있을까요? 시쳇말처럼 '쭈그리'로 살고 싶은 사람은 아무도 없을 거예요. 변화하려고 시도했는데 막상 상황도 결과도 달라지지 않으니 괴로울 수밖에 없습니다.

특히 광수의 경우엔 학교에 가는 것마저 싫어하게 되었습니다. 저와 이야기할 때 목소리가 거의 들리지 않았을 만큼 소극적이고 자신 없는 태도를 보였고요.

결론부터 말씀드리면, 광수와 민지는 저와 대화하면서 도움을 받았습니다. 민지는 친구들과 어울려 노는 것이 즐거울 정도로 자신감을 회복했고요. 그러다 보니 나중에는 학급 반장도 하고, 원하는 대학교로 진학할 수 있었습니다.

광수와 민지처럼 자신감을 회복하려면 어떻게 해야 할까요? 함께 그 방법을 알아봅시다.

첫째, **도움을 요청**해요. 민지는 용기를 내어 저에게 와서 "제가 계속 학교에서 공부할 수 있을까요?"라고 고민을 털어놓았습니다. 계속 실패만 하는 상황에서 뭔가를 계속할 힘이 생기지 않으니 얼마나 막막했을까요. 저는 그 마음을 알 것 같았어요.

용기 내어 저를 찾아온 그 첫 번째 행동이 민지를 변하게 했던 가장 큰 원동력이었을 겁니다. 낭떠러지에 놓인 민지는 어쩌면 간신히 쥐고 있던 가느다란 동아줄마저 놓아버리고 싶은 심정이었을 겁니다. 그런데, 동앗줄을 놓는 대신 민지는 손을 내밀고 떨어지지 않게 도와달라고 표현했습니다. 매번 좌절을 맛보았지만 용기 있게 도움을 요청하고, 또 적절한 지원을 받음으로써 낭떠러지에서 올라오게 된 것입니다.

우리는 살아가면서 좌절하거나 위축되는 순간을 수없이 경험합니다. 누구나 마찬가지입니다. 아무리 멋지고 '강하게' 보이는 사람에게도 그런 순간은 있답니다. 그런데 사람마다 이 순간을 받아들이는 방법이 달라요. 위축된 채 멈춰 있는 사람이 있는가 하면 위축된 순간을 극복해나가는 사람이 있습니다.

어떻게 해서 이런 차이가 나는 걸까요?

대다수 사람은 정도의 차이는 있을지언정 나름대로 실패와 성공의 경험을 가지고 있습니다. 경험이 많을수록 실패와 성공의 경험 역시 늘어날 텐데요, 우리가 경험이 많은 분들을 인생의 선배로 여기는 이유입니다. 그런 분들은 여러분이 요청한다면 기꺼이 도움을 줄 준비가 되어 있으실 겁니다. 대부분 도와주실 거예요. 물론 거절하는 분도 있겠지만, 한두 번 거절을 경험했다고 해서 아예 도움을 포기한다면 여전히 좌절의 늪 속에 빠져 있을지도 모릅니다. 그러니 거절을 두려워하지 마세요. 거절은 또 다른 사람을 찾아 나설 용기를 주는 최고의 기회입니다.

그럼 어떤 분들에게 손을 내밀어야 하느냐고요? 우선 나를 기꺼이 도울 수 있는 친구, 부모님, 선생님들에게 다가가세요. 용기를 내어 고민을 털어놓으세요. 모두가 각자의 방식으로 여러분에게 도움을 줄 겁니다.

두 번째, **몸자세를 크게 합니다.** 에이미 커디(Amy Cuddy) 교수님은 테드(Ted) 강연에서 "신체언어가 여러분의 모습을 만듭니다."[*]라고 강조했습니다. 에이미 교수의 설명에 따르면 우리 몸은 자신감을 잃었을 때 위축된다고 합니다. 이 점을 역

---

[*]   Amy Cuddy, "Your body language may shape who you are" (https://www.ted.com/talks/amy_cuddy_your_body_language_may_shape_who_you_are?utm_campaign=tedspread&utm_medium=referral&utm_source=tedcomshare)

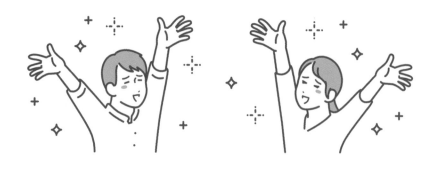

으로 이용해서 몸을 최대한 기지개 켜듯 활짝 펴면, 자신감도 회복될 수 있다고 해요. 정말 신기하지요?

올림픽의 꽃 마라톤 경기 장면을 떠올려보세요. 일등으로 들어오는 선수의 모습은 어떤가요? 두 손을 높이 들고 있지요. 조금 극단적인 예이긴 하지만 이처럼 우리의 감정은 신체에 반영된답니다.

이제 자신감을 회복하는 자세를 알려드릴게요. 우선 양발을 땅에 딛고 서서 양팔을 들어 올려 하늘을 향해 V자로 뻗습니다. 어때요, 생각만 해도 왠지 기운이 나지 않아요? 여러분도 자신감 '업'이 필요한 순간이 오면 30초~1분 정도 이런 자세를 취해보세요. 광수도 이렇게 자신감을 회복하는 자세를 여러 번 시도해봤어요. 몸집이 작은 광수는 자기가 덩치 큰 그리즐리 베어라고 상상하면서 몸을 쭉 폈다고 합니다. 자꾸 하다 보니 재미있어서 다음번엔 여러 친구와 같이 해보았다고 합니다. 그 친구들 역시 여러 사람 앞에서 말하는 걸 두려워하던 아이들이었는데, 이 자세를 하고부터 더는 무작정 두려워하거나 숨어들려고 하지 않았대요.

마지막 팁입니다. 바로 **자신에게 말 걸기**를 하는 거예요. 자신감 회복 자세를 하면서, 자신에게 말을 걸어보는 거죠. 이 방법은 광수와 민지를 비롯한 다른 친구들에게도 엄청난 효과를 주었답니다. 뇌과학 분야의 연구에 따르면 사람이 어떤 자세를 취하느냐에 따라 분비되는 호르몬이 달라진다고 합니다. 몸을 쭉 뻗고 양팔을 높이 들어 올리는 순간 스트레스를 받을 때 분비되는 코르티솔 호르몬이 훨씬 덜 분비되거든요.

자, 이번엔 여기에 얼굴 움직임 부호화 시스템(FACS: Facial Action Coding System)까지 적용해봅시다.

얼굴 움직임 부호화 시스템은 감정이 얼굴에 표현되는 방법을 일컫습니다. 얼굴에는 총 43개의 근육이 있는데, 각 근육의 조합으로 표정이 만들어진다고 해요. 사람들에겐 너 나 할 것 없이 드러나는 여섯 가지 보편적인 감정이 있는데, 그게 바로 "분노, 혐오, 공포, 놀람, 슬픔, 행복"입니다.[*] 이 여섯 가지 감정 중 긍정적인 감정은 단 하나라는 점이 놀랍습니다. 이 사실에서 알 수 있듯이 우리 인간의 얼굴은 부정적인 감정을 표현하는 데 더 익숙합니다. 여러분도 한번 '하루에 어떤 표정을 얼마나 자주 짓는지' 살펴보세요. 본인 표정을 파악하는 게 어렵다면 친구나 가족의 표정을 살펴도 좋고요.

학교생활을 하다 보면, 힘든 일이나 속상한 일이 생기게 마련이에요. 그런 일들을 겪으면 자신도 모르는 사이 감정이 먼저 반응하게 되는데요. 우리의 감정은 종종 이성적 판단을

***

[*] 폴 에크먼 지음, 허우성 외 옮김, 《표정의 심리학》, 바다출판사, 2020.

흐리게 합니다. 이렇게 되면 제대로 생각할 수 없으니 공부도 잘 안되고, 친구들과 이야기할 때도 마음에 없는 소리를 하게 됩니다. 그러는 사이 감정은 더 부정적이 되고, 결국 하고 싶은 대로 할 수 없는 악순환의 굴레에 빠지는 것이지요. 하지만 우리는 다행스럽게도 악순환의 굴레에서 벗어날 수 있어요. 누가 어떻게 할 수 있냐고요? 바로 여러분이 선택하면 됩니다.

누구나 행복한 감정을 가지고 태어납니다. 행복함을 느끼는 것은 그러니까 일종의 본능입니다. 우리는 이 감정을 더 자주 느낄 수 있도록 연습할 수 있어요. 어떻게 하냐고요? 우선 나 자신에게 행복한 이야기를 자꾸 들려주세요. 어떤 학생은 매일 아침에 자신감 회복 자세를 취한 채로 "내가 제일 잘나가. 내가 할 수 있어."라고 외쳤다고 합니다. 처음엔 속으로 외쳤지만, 자신감을 회복한 다음부터는 방에서 큰 소리로 말하게 되었고요.

누구나 불행하다고 느낄 때가 있습니다. 하지만 그 불행 속에서도 우리는 선택할 수 있어요. 그 선택의 주체는 바로 나 자신이고요. 용기가 필요한가요? 그러면 용기를 낼 수 있게 도움을 주는 신뢰할 만한 친구나 선생님을 찾아가세요. 한 사람이 거절했다고 멈추지 말고 나에게 도움을 줄 사람을 꾸준히 찾아보세요. 도저히 찾아갈 용기가 나질 않는다고요? 그렇다면 자신감 회복 자세를 하면서 스스로에게 말하기를 시도해보세요. 우리 뇌의 잠재의식이 쭈그러진 내 마음을 다림질해줄 겁니다.

자기 충족 예언의 법칙
내가 원하는 대로 내 두뇌를 활용하기

중 3인 삼일이는 원하는 고등학교에 가고 싶었어요. 요즘 삼일이는 고민이 많습니다. 내신 성적이 좋아야만 본인이 원하는 자동차 고등학교에 진학할 수 있음을 알게 되었기 때문입니다. 3학년 성적만 반영된다면 어떻게든 노력해보려고 했는데 1, 2학년 때 내신도 좋아야 한다는 걸 알고 적잖이 충격을 받았습니다. 하지만 삼일이는 꼭 자동차 고등학교에 가고 싶었기에 3학년부터라도 원하는 성적을 꼭 받겠다고 마음먹었어요. 그래서 공부 계획을 구체적으로 세워보았습니다.

하루에 공부해야 할 분량을 적어 보니 '이 정도면 할 만하다.' 싶었습니다. 마음먹은 대로 공부할 수 있겠다는 생각이 들었어요. 그런데 삼일이의 결심을 들은 주위 친구들이 "네가 며칠이나 공부하는지 보자."라고 비꼬는 바람에 자신감이 급격히 떨어지고 말았습니다.

자기도 모르게, '내가 공부 머리가 없는 데다가 의지력도 없어서 공부를 못 하는 건가?'라고 생각하게 되었죠. 이런 마음으로 공부하려니 집중이 되지 않았습니다. 계획이 지켜지지 않으니 다시 공부하기가 싫어졌지요. 공부하고 싶은 마음은 간절한데, 집중할 수 없으니 얼마나 답답했을까요?

삼일이가 종이에 '하루 동안 해야 할' 공부 계획을 쓴 것은 굉장히 좋은 시도입니다. 이를 "과업 중심형 계획 세우기"라고 해요. "과업 중심형 계획 세우기"는 시간대별로 계획을 세우기보다 오늘 해야 할 공부의 분량을 구체적으로 쓰는 것입니다. 구체적인 계획을 세우면, 그것을 실행하기가 더 쉽다고 해요. 그러나 삼일이는 계획을 세웠다가 못 지키고 실패하니 자신을 못 하는 사람이라고 생각했겠지요. 그러고는 그 과정에서 그만 포기하게 되었습니다. 하지만 중학교 3학년답게 1~2학년 때보다는 구체적인 계획 세우기를 시도한 것은 멋진 일이었어요. 시도하지 않았다면 그런 방법을 찾아내지 못했을 테니까요.

저는 삼일이와 함께 5whys*를 시도했습니다. 5whys는 다섯 번 이상 "왜"라는 구체적인 질문을 하는 것입니다. 스스로에게 자꾸 물으면서 목표 의식을 확고하게 해나가는 거죠. 이를테면 다음과 같이 질문을 던져보는 겁니다.

1st why "삼일이는 왜 자동차 고등학교에 진학하고 싶나요?"
☞ 어린 시절부터 차를 좋아했어요. 그러다 보니 차에 관련된 일을 하고 싶어졌어요.

2nd why "왜 차동차에 관련된 일을 하고 싶나요?"
☞ 멋진 자동차를 만들거나 고칠 수 있는 사람이 되고 싶어요.

---

* 5whys는 자신에게 고민이 되는 문제가 있을 때도 계속 질문하기를 통해 스스로 문제의 핵심을 알게 해주는 방법이기도 합니다.

3rd why "왜 멋진 자동차를 만들거나 고칠 수 있는 사람이 되고 싶
      나요?"

☞ 고장 난 차를 고치는 분을 본 적이 있는데, 참 멋지다고 생각했
  어요.

4th why "왜 멋진 사람이 되고 싶나요?"

☞ 제 자신이 쓸모 있는 사람이 되고 싶어요. 이 세상에 누군가에게
  도움이 되고 싶어요.

5th why "왜 누군가에게 도움이 되고 싶나요?"

☞ 학창 시절 내내 말썽만 피운 것 같아요. 부모님께 제가 무언가 할
  수 있다는 것을 보여드리고 싶어요.

이렇게 계속 왜라는 질문을 하다가 마지막으로 나온 답이
바로 "부모님께 자신이 잘할 수 있는 것을 보여주고 싶다."라
는 것이었습니다. 저는 그 말을 하면서 환하게 웃었던 삼일이
의 표정을 잊을 수가 없어요. 그 웃음은 자신이 진짜 원하는 것
을 발견한 사람만이 지을 수 있는 웃음이었거든요. 처음엔 그
저 '가고 싶은 학교'라는 목표만 있었을 뿐인데, 스스로에게 진
지하게 되묻는 과정을 통해 삼일이는 아주 구체적인 답을 찾아
낸 것입니다. 부모님께 인정받고 싶은 자신의 마음을 발견하게
된 것이죠.

여러분은 자신이 원하는 것이 무엇인지 알고 있나요? 사
실 이 질문은 어른들에게 던져도 답이 잘 나오지 않는 질문입

니다. 매우 어려운 질문에 속하지요. 분명한 것은 이 질문에 대한 답을 일찍 찾아낼수록 여러분의 생활이 더 오래 즐거울 거라는 점입니다. 만일 삼일이의 경우처럼 부모님께 인정받는 것을 원한다면 공부뿐만이 아니라 다른 면에서도 칭찬의 소재를 찾아낼 수 있겠지요. 집안일 돕기, 매일 운동, 독서 마라톤 참가 등등 다양할 겁니다.

저는 삼일이와 이야기를 조금 더 깊이 나누던 중 그의 진짜 속마음을 알게 되었습니다. 삼일이는 부모님이 공부 잘하는 형만 칭찬해주시는 게 너무 부러웠던 거예요. 그래서 '나도 공부를 잘할 수 있다는 걸 보여드리고 싶어.' 하고 마음먹게 된 것이지요. 하지만 계획도 잘 지켜지지 않고 친구들이 놀리기까지 하자 그만 포기하게 된 것입니다. 그러고는 '나는 머리가 나빠서 공부를 못하나 봐.'라고 지레짐작하게 된 것이지요.

시카고 대학교의 시안 베일록(Sian Beilock) 교수님*은 초등학교 1~2학년 학생들을 데리고 실험을 하나 했어요. 수학 시험을 치르기 전에 각 그룹에 암시를 준 것입니다. 먼저 A그룹에는 과거에 이 시험을 치른 결과 남녀학생의 성적에 현저하게 차이가 났다고 말하고, B그룹에는 반대로 남녀학생 사이의 성적 차이는 없다고 말한 거예요. 결과는 어땠을까요? 놀랍게도 베일록 교수님이 암시를 준 바와 같았답니다. 이와 같은 실험 결과는 무수히 많습니다. 이를 자기 충족 예언의 법칙이라고 하

---

* 이진석, "자녀의 지능을 높이고 싶으세요?", 〈에듀프레스〉, 2021.6.22.

는데요, 시험에 앞서서 가진 본인의 생각, 기대, 마음 등이 결과에 영향을 미친다는 것입니다.

지능은 고무줄처럼 늘어나기도 하고 줄어들기도 하는데, 우리의 생각이 여기에 큰 영향을 미친다는 거예요. 제가 앞에서 청소년기는 뇌가 균형을 잡아가는 시기라고 말씀드렸죠?

인간의 뇌가 가장 말랑말랑한 시기는 유아기와 청소년기입니다. 이 시기에는 뇌가 유연하게 사고하면서 균형을 잘 맞출 수 있도록 돌아갑니다. 따라서 그 어느 때보다 새로운 생각을 받아들이기에도 좋은 시기고요. 혹 내가 나의 부정적인 측면만 생각하게 된다면, 그 부분이 더 급격히 발달할 수 있는 시기이기도 해요. 그만큼 청소년기는 변화할 수 있는 가능성이 가장 큰 시기입니다. 어떻게 변화할 수 있을까요? 나는 어떻게 변화하고 싶나요? 뇌가 변화하는 원리를 살펴볼게요.

뇌는 새로운 학습과 경험을 할 때, 신경세포들을 형성시킵니다. 그렇게 세포들이 새롭게 연결되면 뇌는 변화하게 되지요. 반면 사용하지 않게 되면, 발달할 수 없습니다. 내가 긍정적인 생각을 자주 하면, 내 뇌는 긍정적인 신경세포들로 형성됩니다. 반대로, 부정적인 생각을 자주 한다면, 부정적인 신경세포들이 더 활성화될 것입니다.

그러나 "자기 충족 예언의 법칙"만 믿고, 나는 잘할 수 있다고만 외치고, 노력하지 않는다면, 원하는 결과를 얻을 수 없어요. 2022년 월드컵을 떠올려보세요. 대한민국이 16강에 올라갈 확률은 10퍼센트도 되지 않았지만, 우리는 결국 16강에 올라갔잖아요? 그때 "중요한 것은 꺾이지 않는 마음"이라고들 말했는데요.

정말 그렇습니다. 내가 원하는 목표를 세웠다면, 누가 뭐라 해도 내가 해내면 되는 거예요. 친구들이 "야, 너 같은 게 뭘 공부한다고 그래?"라고 말하는 걸 들었다고 쳐요. 그런 부정적인 말을 '곧이곧대로' 들으면 우리의 뇌는 당연히 위축됩니다. 그런데 만일 뇌가 그 말을 받아들이지 않으면 어떻게 될까요, 그냥 무시해버리면요? 네, 답은 바로 이것입니다. "남들이 뭐라 해도 나는 내 갈 길을 간다, 내가 좋아하는 것을 선택해서 끝까지 가본다."라고 하는 자세입니다. 내가 스스로 선택해야 미친 듯이 몰입해서 할 수 있는 법이니까요.

그런데 우리는 왜 자꾸 마음먹었던 것을 포기하거나 계획대로 할 수 없게 되는 걸까요? 그것이 '당연한 현상'인 탓입니다. 뇌과학에서는 이를 **신경가소성의 원리**라고도 말합니다. 몸과 마음의 관계를 평생 연구한 엘리자베스 스탠리(Elizabeth A. Stanley) 교수님은 《최악을 극복하는 힘》*이라는 책에서 "신경가소성"을 "그랜드 캐니언"으로 비유했어요. 그랜드 캐니언은 미국에 있는 엄청 유명한 협곡이죠? 문자 그대로 대협곡(大峽谷)인데요, 이곳의 가장 젊은 지층이 무려 2억 7천만 년 전에 형성†되었다고 하니 참으로 어마어마한 역사입니다. 우

---

*   엘리자베스 스탠리 지음, 이시은 옮김, 《최악을 극복하는 힘》, 비잉, 2021, p.88~103.
†   위키백과 https://ko.wikipedia.org/wiki/%EA%B7%B8%EB%9E%9C%EB%93%9C_%EC%BA%90%EB%8B%88%EC%96%B8

리가 감히 상상할 수 없는 긴 시간 동안 지질변화를 겪으면서 수없이 많은 물줄기가 흐르고 흘러서 계곡을 만들어낸 것이지요.

우리의 뇌도 마찬가지입니다. 수없이 많은 변화를 겪으면서 생겨난 그랜드 캐니언처럼, 뇌에도 수많은 물줄기로 이루어진 협곡들이 있습니다. 그 협곡들은 새롭게 경험한 내용들을 받아들이면서 생각의 회로를 만들게 됩니다. 계속해서 습관처럼 반복하면 협곡은 더 깊어지죠.

새로운 습관에는 쉽게 익숙해지기 어렵지요? 어떻게 하면 조금 더 수월하게 익숙해질 수 있을까요? 답은 '반복 훈련'입니다. 반복 훈련을 해야만 비로소 익숙해집니다. 그런데 사람마다 익숙해지는 속도가 달라요. 누군가는 무엇이든 빨리 습관으로 정착시킬 수 있지만, 누군가는 사소한 습관 하나 만드는 데에도 시간이 오래 걸립니다. 하지만 다른 사람보다 시간이 더 걸린다고 절망할 필요는 없어요.

내 뇌가 천천히 길을 내고 있는데, 그걸 보고 "왜 이렇게 더딘 거니? 왜 그렇게 못해?"라고 윽박지르면 그 길은 영원히 만들어질 수 없을지도 모릅니다. 그러니 기다려야 해요. 조금이라도 길이 날 수 있도록 계속 시도한다면, 여러분의 뇌가 언젠간 해낼 테니까요.

신경가소성에서 주의해야 할 점이 있어요. 우리 뇌는 반복 경험에 민감하기에 내가 "유해한 방법"으로 길을 낸다면 그쪽으로 길이 날 것이고, "유익한 방법"으로 길을 낸다면 유익하게 난다는 점입니다. 그러니 "자기 충족 예언의 법칙"을 따라 유익한 방법으로 반복하면, 뇌에 유익한 길들이 만들어질 테죠.

누군가가 나에게 "넌 왜 공부를 잘 못해?"라고 하거나 "왜 그렇게밖에 못하니?"라고 말하면 너무 속상하죠. 나의 상태가 더는 좋아질 수 없는 건가 하면서 은근히 걱정도 되고, 또 공부든 뭐든 나보다 잘하는 친구들을 보면 부러움을 넘어 질투심이 샘솟습니다. 그러면 부러움만 안은 채 멈춰서야 하는 걸까요? 신경과학자들은 "아니다"라고 대답합니다.

1990년대 후반까지만 해도 신경과학자들은 성인의 뇌는 발달할 수 없고, 뇌에 손상을 입으면 회복하기 어렵다고 했어요. 그렇기에 어른이 되면 변할 수 없다고 믿는 사람이 많았던 거죠. 하지만 연구 결과 중년을 지난 성인들도 지속적인 배움을 시도하면, 뇌가 변화한다는 것을 알게 되었습니다. 심지어

'나이 든 뇌'가 '젊은 뇌'보다 더 잘할 수 있는 영역도 있다고 합니다.

여러분, 이런 결과를 보면 힘이 나지요? 청소년인 여러분의 뇌는 얼마든지 새로운 길을 만들 수 있다는 뜻이잖아요? 이제부터는 내가 나에게 "잘할 수 있는 존재"라는 것을 말해주며, 내 목표를 상기시키는 데 집중해보세요. 그러면 길이 만들어집니다.

우선 나의 목표를 적어보고 그것을 내가 원하는 이유가 무엇인지 '5whys'를 이용하여 구체화합니다. 목표는 구체적일수록 더 실천하기가 좋아요. 목표가 잘 이뤄지지 않을 때는 다시 수정하면 되고요. 내가 원하는 목표를 책상 앞이나 핸드폰 메인 화면에 써두어요. 공부하기 전이나 하루를 시작할 때 하루 열 번 이상씩 중얼거리거나 써봐요. 이렇게 내가 스스로에게 나의 소망을 표현하면, 뇌는 이를 단단히 각인시킵니다. 물론 각인이 바로 된다면 좋겠지만, 시간이 좀 걸려도 걱정하지 마세요. 뇌에 자주 표현하는 것처럼 약간의 노력을 곁들인다면 곧 새로운 길이 날 테니까요.

이런 습관을 들이는 데엔 기다림이 필요합니다. 눈에 보이지도 않는 뇌에 길을 만들려고 하니 당연히 답답하고, 속상할 때도 많을 겁니다. 포기하고 싶은 순간이 올 때도 많을 거예요. 그럴 때는 "한 번만 더 시도하면 길이 날 거야."라고 스스로에게 말해주면서 시도합니다.

앞에서 만났던 삼일이의 예를 볼까요? 삼일이는 포기하지 않고 공부를 계속 시도했습니다. 완벽히 계획을 지키지 못한

날엔 본인을 다그치는 대신 "그럴 수도 있지." 하면서 계획을 지키지 못한 자신을 용서하며 받아들였어요. 대신 절대 포기하지 않았습니다. 그런 모습을 보고 친구들과 부모님은 삼일이를 '열심히 하는 사람'으로 인지하기 시작했고, 마침내 삼일이는 그토록 원했던 자동차 고등학교에 진학할 수 있었습니다.

어때요?

여러분도 할 수 있지요? "나는 할 수 있다."라는 말을 계속 들려주면서 오늘도 시도해봅시다.

2장
작은 용기
두려움을 극복하고 나아가기

경쟁 속에서 살아남기
평범함의 위대함

몸집이 작아서 위축되었던 친구가 있었어요. 교실에서도 조용히 생활하던 친구였지요. 친구들은 "꼬맹아! 넌 초등학교 가야지, 왜 고등학교 교복 입고 여기 앉아 있어?" 하며 농담을 던지곤 했답니다. 꼬맹이는 괜찮은 척 웃어넘겼지만, 속으로는 친구들이 자기를 만만하게 보는 것 같아서 괴로웠습니다. 어느 날부터인지 자신의 결점만 보였고요.

저는 이 친구에게 잘할 수 있는 게 무엇인지 물어보았습니다. 잠시 골똘히 생각하던 그가 이렇게 대답했습니다. "꼬맹이라는 말을 들어도 화내지 않고 잘 견디는 거요." 한편으로는 놀라웠고 한편으로는 신선한 대답이었지요. 그다음으로 저는 꼬맹이에게 즐겁게 꾸준히 할 수 있는 게 무엇인지 찾아보자고 했습니다. 대화를 나눈 지 일 년쯤 된 어느 날, 저는 꼬맹이를 다시 만났습니다. 그는 '몸짱'이 되어 있었어요. 꼬맹이는 "몸짱이 되고 나니 자신감도 회복하고, 친구들에게도 인기가 높아졌어요."라고 말하면서 웃었습니다. 그 친구의 환한 미소가 지금도 또렷하게 기억납니다.

몸짱이 된 그 친구는 한때 타고난 왜소함을 비관하며 살았어요. 그렇지만 한계 상황에 머무르는 대신 이겨낼 방법을 찾았습니다. 유튜브를 보면서 각기 다른 자신의 한계 상황을 극복한 사람들을 찾아보았고, 신체적인 결함을 극복하기로 결심한 뒤에는 유튜브를 보면서 할 수 있는 운동을 따라 했대요. 그렇게 한 달 정도 운동을 하다 보니 몸에 근육이 붙기 시작했다고 합니다. 이후 3년간 꾸준히 운동하면서 전국대회에 나가서 상을 받게 되었고, 그 스펙 덕에 서울에 있는 대학교에 진학하게 되었습니다.

아무리 완벽한 사람이어도 결점은 한두 가지 있게 마련입니다. 그런데 우리가 자신의 결점만 바라보고 낙심한 채 그 자리에 머문다면 어떻게 될까요? 어떤 것도 시도할 수 없을 겁니다.

심리학 용어 가운데 **프레임 효과**라는 것이 있습니다. 물이 반 정도 채워진 유리잔이 있어요. A는 이것을 보고 "물이 반밖에 없어."라고 말했고, B는 "물이 반이나 남아있어."라고 말했습

니다. 같은 상황이라고 해도 바라보는 사람에 따라 다르게 해석된다는 것을 보여주는 예인데요. 이것이 바로 프레임 효과입니다.

나 자신이 초라하게 느껴질 때는 물이 반밖에 없다고 생각할 수 있어요. 하지만 '물이 반이나 남아있네.'라는 마음으로 자신을 바라본다면 몸짱이 된 꼬맹이 친구처럼 긍정적인 효과를 끌어낼 수 있을 겁니다.

여러분, 조선 중기의 문인이자 유학자, 화가, 작가, 시인이었던 신사임당을 아시지요? 어느 날 그에게 흰 치마에 검은 얼룩이 생겼다고 속상해하는 사람이 찾아왔대요. 눈같이 하얀 치마에 검은 얼룩이 묻었으니 얼마나 속상했겠어요? 요즘처럼 오염제거 약품이 흔한 것도 아니고 말이에요. 그때 깜짝 놀랄 일이 벌어졌어요. 잠시 고민하던 신사임당이 치마에 묻은 얼룩을 이용해 그림을 그리기 시작한 거예요. 얼룩이 더는 얼룩이

아닌, 멋진 한 폭의 작품으로 탄생하게 된 것입니다.

　근대에 계발된 거의 모든 나라의 교육 시스템은 보편적 인간을 키워내는 데 초점이 맞춰져 있습니다. 우리나라도 예외는 아닌데요. 대한민국 교육의 특징을 한마디로 정의하라고 하면 "정답 맞추기"라고 할 수 있겠지요. 거의 모든 사람이 시험이라는 하나의 틀을 통해 자신의 능력을 평가받는 사회잖아요? 그러다 보니 그 틀에 적응하지 못한다거나 뭔가 다른 틀을 들이민다거나 거부하면 부적응자, 곧 '틀린 존재' 혹은 '엉뚱한 존재'로 여겨집니다. 따라서 기대에 부응하지 못하면 곧잘 스스로를 부족하다고 비난하게 됩니다.

　이 모두 '평균'을 지향하는 사회의 안타까운 측면인데요, 이럴 때 우리 한번 과감하게 내가 나를 보는 프레임을 바꿔보면 어때요? 남들보다 못하는 점에 꽂히지 말고 내가 다른 사람들보다 1퍼센트 정도라도 잘할 수 있는 것을 찾아보는 거예요. 1퍼센트는 시간이 지나면서 2~3퍼센트 정도로 나아갈 수 있는 가능성을 열어줄 겁니다. 그리고 그 1퍼센트가 마침내 여러분의 삶을 바꿀 수 있고요.

　사회학자 대니엘 챔블리스(Daniel Chambliss) 교수님*은 좋은 성적을 내는 수영 선수들을 연구했습니다. 수준급 선수들의 동작과 훈련 방법을 조사하여 데이터를 만들었어요. 결과는

---

* Daniel F. Chambliss, The Mundanity of Excellence An Ethnographic Report on Stratification and Olympic Swimmers, Sociological Theory, 1989.

예상 밖이었습니다. 다들 성적이 우수한 선수들은 타고난 재능이 뛰어날 거라고 생각했는데 그게 아니었던 거예요. 챔블리스는 이를 "평범함의 위력"이라고 표현했는데요. 타고난 재능보다는 날마다 꾸준하게 연습하며 몸에 익힌 기술들이 축적되어 놀라운 성적을 냈다는 것입니다. 국민 영웅인 김연아 선수나 손흥민 선수 역시 기본기를 무시하지 않았고, 또 이를 꾸준히 연습해서 정상에 선 인물들입니다.

조규성 선수도 마찬가지예요. 많은 사람이 조규성 선수는 축구로 대학교에 진학하거나 취업을 할 수 있는 사람이 아니라고 했대요. 다른 사람이 보기에 조규성 선수는 축구하기에 적합한 신체도 아니고, 재능이 특별한 사람도 아니었던 것이지요. 그러나 조규성 선수는 다른 사람들의 말에 귀 기울이지 않았어요. 자신에게 맞는 목표를 세운 다음 그것을 이루기 위해 최선을 다했습니다. 몰입해서 노력한 결과, 그는 2022년 K리그 득점왕이 되었고, 2022년 카타르 월드컵에 출전하여 최다 득점자가 되었습니다. 남들이 말하는 자신의 결점에 머물렀다면, 결코 그 같은 성취를 이뤄낼 수 없었을 것입니다.

영화 〈말모이〉 마지막에 보면, "한국은 제2차 세계대전 후 독립한 식민지 중 유일하게 자신의 언어를 가지고 있다."라는 내용이 나옵니다. 일제 강점기에 우리말을 사용할 수 없었기 때문에, 우리 말이 사라질 수 있는 위기에 처했습니다. 그런데 조선어학회의 이름이 없는 회원들이 전국에서 말을 모아온 덕분에 우리말을 지킬 수 있었습니다. 이렇듯 우리의 역사 속에는 "작은 용기"를 낸 수많은 이들이 있습니다. 우리가 아는 위인들뿐 아니라 이름 모를 평범한 사람들도 어려운 상황에 그대로 순응하지 않았습니다.

여러분, 김연아 선수나 손흥민 선수 혹은 조규성 선수 같은 사람들에게도 절망의 순간은 분명히 있었을 겁니다. 하지만 그들 모두 자신의 부족함을 먼저 인정한 후 "왜 안 될까?" "어떻게 해야 할까"를 치열하게 묻고 나서 '치고 나가는' 용기를 보여주었습니다. 매 순간 그런 식으로 '작은 용기'를 선택한 끝에 성취를 이룬 것입니다.

작은 용기는 우리에게 못하는 것에 절망하지 말고 더 나은 상태로 나아가기 위해 질문하라고 가르칩니다. 니콜라우스 코페르니쿠스는 모두가 지구가 우주의 중심이라고 할 때, 지구가 태양의 주위를 돌고 있다는 지동설을 주장했습니다. 모두가 말하는 것과 다른 사실을 말했기에 저항도 많이 받았지요. 그렇지만 코페르니쿠스는 자신의 질문을 포기하지 않았습니다. 생을 마감할 때까지 지구와 태양의 관계에 대하여 질문하며 자기 생각을 증명해냈습니다.

당장 답을 찾지 못해도 괜찮아요. 당장 행동하지 않아도 괜찮아요. 하지만 명심하세요. 나의 연약한 부분에만 집중하면 나는 언제나 부족한 사람일 수밖에 없어요. 경상도 사투리에 "우짜노!"라는 말이 있어요. 그 의미는 "그래서 어떻게 할까?" 이지요. 누군가 나의 결점을 말한다고 해서 그 프레임에 갇힐 필요는 없어요.

우리는 타인의 잣대가 아닌 나 자신의 선택으로 생각하고 행동하는 능동적인 사람이잖아요? 또 그렇게 살아가도록 태어난 존재이고요. 여러분, 앞에서 함께 만났던 몸짱 친구와 꼬맹이 친구는 같은 사람이었죠? 꼬맹이는 '왜소하고 볼품없다.'라는 프레임에 갇히지 않고 거기서 벗어나(작은 용기를 낸 것이지요) 노력 끝에 몸짱이 되었습니다. 작은 용기는 이처럼 우리의 평범한 일상을 비범하게 만들어줍니다.

친구와의 안전거리

나에게 좋은 친구는?

"영국에서 북극까지 가는 가장 빠른 방법을 알려주세요."
라는 공모전에 관한 이야기를 라디오에서 들었던 적이 있습니다. 사람들은 온갖 노선을 참고하여 의견을 제출했는데요, 놀랍게도 1위에 오른 답은 "좋은 친구와 함께 가는 것"이었습니다. 현실감각이 뛰어난 친구들이라면 "에이, 뭐 저런 엉터리 답이 있어?"라고 생각할지도 모릅니다. 어쩌면 문제를 낸 곳에서도 이런 답이 나올 거라고 예상하지 못했을지도 몰라요. 그런데 막상 수많은 답을 살피다 보니 "맞아, 좋은 사람이랑 함께 가는 여행이 최고지. 행복하면 시간도 빨리 가는 법이고."라면서 맞장구를 쳤을 겁니다.

이 에피소드는 인생의 목적을 이루기 위해서 좋은 친구가 절대적으로 필요하다는 것을 보여줍니다. 진정한 친구는 더 나은 내가 될 수 있도록 도움을 주는 존재예요. 그러나 안타깝게도 모든 사람이 나에게 도움이 될 수는 없어요.

저는 본인의 의지와는 상관없이 학교폭력에 가담했던 친구들을 만난 적이 있어요. 우혁이는 친한 친구 태진이가 싸우고 있다는 이야기를 듣고 싸움을 말리려고 달려갔습니다. 싸움은 이미 크게 번진 뒤였죠. 그곳에는 우혁이 외에도 친구들이 많이 와 있었어요. 그런데 웬일이죠? 싸움을 말리겠다고 나서는 아이는 없었습니다. 도리어 싸움에 열광하는 분위기였어요. 우혁이는 순간 매우 당황했습니다. 섣불리 나서 싸움을 말렸다가는 오히려 본인이 공격당할지도 모른다는 두려움이 밀려왔기 때문입니다.

우혁이는 태진이가 자꾸 싸우고 다니는 게 내키지 않았습니다. 태진이는 싸움하는 것 빼고는 좋은 친구였어요. 우혁이가 전학해 와서 힘든 시간을 보내고 있을 때 먼저 다가와준 친구도 태진이였거든요. 사실 우혁이는 태진이 옆에 있으면 안심이 되는 면도 있었어요. 자신도 강한 사람이 된 것 같았습니다. 물론 우혁이도 태진이에게 더는 싸움하고 다니지 말자고 권유했지요. 하지만 소용이 없었습니다. 이제 우혁이는 싸움왕 태진이와 떨어질 수 없는 사이가 되어버렸네요. 어떡하면 좋을까요?

우혁이는 전학을 온 친구입니다. 여러분도 짐작하다시피 전학해 오면 마음이 무척 어렵고 복잡합니다. 이런 경우는 전학 말고도 많아요. 초등학교에서 중학교에 갈 때, 중학교에서 고등학교에 갈 때도 그렇고, 학년 초에 반이 바뀔 때도 그래요. 친한 아이가 한 명도 없는 반에 배정되면 그야말로 '폭망'이죠. 이러다가 왕따당하는 건 아닐까, 전전긍긍하게 됩니다.

어른들도 그렇지만 특히 청소년기에는 이처럼 낯선 환경에 적응하는 일이 정말 힘듭니다. 그중 친구 사귀는 것이 가장 어렵고요. 학교라는 공동체 안에서는 누구나 '혼자'가 될까 봐

두려워합니다. 급식실도 혼자 가고, 체육관에도 혼자 가고, 등하굣길도 혼자 걸어야 한다면 너무나 슬플 테니까요.

이처럼 학생이라면 누구나 학기 초에는 긴장하게 마련이고, 전학을 갔다면 더욱더 낯선 환경에 처했으니, 마음이 어려울 수밖에 없습니다. 그런 만큼 우혁이는 자신에게 먼저 다가와준 태진이가 정말 고마웠을 겁니다.

우혁이에게 태진이는 외로울 때 다가와준 고마운 친구였지만, 폭력을 일으켜서 불편한 친구이기도 했어요. 불편한 마음을 표현하면 "그래 알았어, 이젠 안 싸울게."라고 말했지만 태진이는 싸움을 멈추지 못했습니다. 지금 우혁이는 태진이와의 관계를 두고 심각하게 고민 중입니다.

저는 우혁이에게 "미래에 어른이 되었을 때 자녀가 태진이 같은 친구를 만난다면 어떻게 할 것 같아요?"라고 물어봤습니다. 우혁이는 눈을 크게 뜨며 "친하게 지내지 말라고, 거리를 두라고 말해줄 거 같아요."라고 대답했습니다. 그러더니, 많이 힘들겠지만 차츰 태진이와 거리를 두어보겠다고 말했습니다.

근묵자흑(近墨者黑)이라는 사자성어가 있어요. "검은 것을 가까이하면 나 또한 검게 되고, 흰 것을 가까이하면 나 역시 하얗게 된다."라는 뜻으로 환경의 중요성을 말해줍니다.

여러분 주변에는 어떤 친구가 있는지 한번 생각해보세요. 내가 누구인지를 알려면, 내 주변에 어떤 친구들이 있는지 살펴보면 된다는 말도 있지요? 함께 어울려 지내다 보면 나도 모르게 친구들의 영향을 받는다는 뜻이기도 하고, 사람은 대개 자기랑 비슷한 사람을 만나게 마련이다, 라는 뜻이기도 합니다. 이런 걸 한마디로 '유유상종(類類相從)'이라고 하지요.

저는 우혁이 같은 고민을 안고 있는 친구들을 만나면 "친한 친구 다섯 명을 떠올리라."라고 말합니다. 그리고 나서 그들의 장단점을 세 가지 정도씩 떠올리면서 미래의 내 자녀들이 그 친구들과 어울리기를 바라게 될지 다시 물어봅니다. 그러면 열 명 중 여덟아홉 명은 우혁이처럼 마음에 들지 않는 행동을 하는 친구들과는 거리를 두게 하겠다고 표현했어요. 무슨 뜻일까요? 지금 당장의 외로움을 달래줄 친구보다는 나에게 선한 영향을 주며 함께 성장할 수 있는 친구를 '좋은 친구'로 생각한다는 뜻이겠지요?

편의점 털이를 할 정도로 방황하던 친구 A가 있었습니다.

A는 마음이 맞는 아이들과 몰려다니며 놀고 일탈도 하고 그러는 것이 그저 즐거웠습니다. 그러던 중 '외교관이 되고 싶다.'라는 꿈을 갖게 되었어요. 하지만 워낙 공부를 등한시한 채 놀던 터라 무엇을 어떻게 해야 할지 막막했습니다.

고민 끝에 그는 용기를 내어 상담 선생님을 찾아갔고, 상담교사와 진솔한 이야기를 주고받으며 외국어고등학교에 편입하기로 마음먹었습니다. 함께 몰려다니던 친구들과도 거리를 두고, 공부를 시작했습니다. 같이 놀던 친구들은 "야, 너 왜 그래?"라면서 같이 놀아주지 않는 A에게 '의리 없는 놈'이란 딱지를 붙여줬지요. 그런데 정말 견디기 어려운 것은 다른 데 있었습니다.

친구들을 포함한 주변 사람들이 "며칠 공부하다가 말겠지."라는 눈빛으로 자신을 바라본다는 걸 알게 된 것입니다. A는 "그 시선이 너무 따가웠어요."라면서 "누구 하나 내 꿈을 믿어주지 않더라고요." 하고 털어놓았습니다. 그 말을 듣는 순간 A가 참 외로웠겠구나, 하는 생각이 들었습니다.

그러나 A는 자신의 꿈이 소중했기에 모든 걸 끊고 공부에 매진하였습니다. 반드시 목표를 이뤄내야겠다고 결심한 거죠. 그러고는 마침내 외국어고등학교에 당당하게 편입했습니다. 같이 놀던 친구들 대부분은 고등학교를 자퇴한 아이들이었는데, A의 모습을 보고는 처음엔 충격을 받았고, 그다음으로는 정신을 차렸습니다. 몇몇은 고졸 검정고시에 합격했지요.

여러분, 지금 나에게 어려움을 주는 친구가 있나요? 그렇다면 그 친구와의 관계를 진지하게 생각해보아야 합니다.

잠시 거리를 두는 것도 한 방법입니다. 앞에서 만난 편입한 친구처럼 자신이 원하는 목적을 이루고, 친구들에게 좋은 영향을 주고 싶다면, 마음이 힘들더라도 선택하고 결정해야 합니다.

물론 어려운 일입니다. 친구들과 그동안 쌓아온 '의리' 때문이기도 하고, 불안해하는 주변의 시선 때문이기도 하고, 무엇보다 스스로에 대한 믿음이 부족한 탓이기도 합니다. 게다가 청소년기 뇌는 감정의 영역과 사고의 영역 사이에서 균형이 덜 잡힌 시기여서 감정과 본능에 더 민감하고, 쉽게 흥분하거나 좌절하는 만큼 본인의 마음을 다스리는 것 또한 너무나 어려운 일일 겁니다.

놀라운 이야기를 하나 해드릴게요. 여러분의 친구들은 사실 여러분이 얼마나 힘든지 말하지 않아도 잘 알고 있답니다. 이것은 과학이며, 본능이에요. 같은 처지에 있기 때문이죠. 청소년기의 뇌는 성인이나 어린이들과는 다릅니다. 중간에 걸쳐 있죠. 그러니 진정한 공감은 또래 친구들 사이에서만 일어날 수밖에 없어요. 청소년기 친구들은 이 사실을 본능적으로 알고 있습니다. 엄마 아빠보다는 친구가 나를 훨씬 잘 이해해주죠. 이 시기를 지나고 있는 여러분에게 친구가 목숨처럼 중요한 배경이랍니다. 하지만 내 어려움을 이용하여 공감하는 친구는 미래에 도움이 되지 않아요.

지금 당장 친구가 없으면 외롭다는 이유로 도움이 되지 않는 친구라도 사귀고 싶다는 마음이 들면, 한 번쯤 깊이 고민해보세요. 친구도 중요하지만, 여러분 인생의 주인공은 여러분 자신이어야 하니까요.

친구와 거리를 두고, 다른 행동을 한다는 게 두려운 일일 수 있습니다. 친구를 잃게 된다니, 상상만 해도 무섭습니다. 그런데 정말 그럴까요? 만일 여러분이 매력이 있는 당당한 사람이 된다면, 여러분의 진가를 알아줄 새로운 친구들이 등장할 것입니다. 내가 뭔가를 배우고 싶은 친구, 즐거움을 줄 수 있는 친구도 만날 수 있어요. 그러니 자기가 하고 싶은 것을 내게 강요하는 친구와는 억지로 친하게 지낼 필요가 없습니다. 그리고 그 친구 때문에 내가 하고 싶을 것을 못 했다고 말하기보다 친구들에게 "○○(꼭 여러분 자신의 이름을 넣어서 소리내어 읽어보세요)이 덕분에 더 좋은 삶을 살게 되었다."라고 말할 수 있는 사람이 되어보면 어떨까요?

다른 사람에게 영향을 받기보다 내가 영향을 주는 사람이 될 수 있다는 뜻입니다. 나의 외로움이 누군가의 먹잇감이 되게 허락하지 맙시다. 여러분의 주인은 여러분 자신이니까요.

[속닥속닥 💬 좋은 친구를 확인하는 방법]

1. 친구들 다섯 명 정도를 떠올려요. 혹시 다섯 명이 되지 않는다면, 가장 친구 한 명이어도 좋아요.

   A:

   B:

   C:

   D:

   E:

2. 그 친구들의 장단점을 세 개씩 써봐요.

친구 이름	장점	단점

3. 내 자녀가 내 친구들의 장단점과 같은 모습을 가지고 있다면 어떨 것 같
   나요?

4. 배우거나 닮고 싶은 친구는 누구이고, 어떤 모습인가요?

5. 혹시, 내가 거리를 두고 싶은 친구가 있나요?

6. 그 친구와 거리를 두기 위해 나 스스로 용기를 내기 위해 할 수 있는 말은
무엇인가요?

영원한 실망은 없다
부모님께 진심을 전달하는 대화

"엄마가 울면서 '어떻게 네가 내 자식이라고 할 수 있니? 너는 내 자식도 아니야.' 하시면서, 저를 몹쓸 인간처럼 쳐다보셨어요."

며칠 동안 얼굴이 일그러졌던 피터와 대화를 시작했어요. 피터는 부모님을 실망하게 한 죄책감에 시달리고 있었어요. 아빠는 화를 내시면서 때리니까 죄책감은 느끼지 않는대요. 하지만 엄마는 실망했다는 말만 계속하면서 울어서 대화조차 할 틈이 없었다고 합니다. 그래서 죄책감에 시달리게 되었대요. 엄마가 차라리 화를 내고 야단을 치셨다면, "야단만 맞고 끝내면 돼." 하면서 홀가분했을 텐데 엄마는 화조차 내시지 않았다고 합니다.

부모님을 실망하게 한 적 없는 어린 시절을 보낸 친구라면 부모님의 기대가 큰 게 당연합니다. 피터는 부모님께 걱정을 끼치며 자란 아이가 아니었어요. 만약 피터가 어렸을 적부터 이런저런 이유로 부모님께 실망을 안겨드렸다거나 걱정을 끼쳤다면 어쩌면 부모님도 익숙하셨을 겁니다.

부모님께 걱정 끼치지 않고, 열심히 살아왔던 피터를 칭찬하고 싶어요. 인간관계는 늘 좋을 수 없지요. 인정받을 때도 있고, 실망을 안길 때도 있어요. 특히 가까운 사이일수록 기대하는 바가 크기 때문에 실망할 일도 많아요. 친구 사이도 마찬가지입니다. 이제까지 친하게 지냈던 친구 가운데 실망했던 사람들을 떠올려보세요. 주로 가까운 사이였던 친구들이죠? 우리는 우연히 마주쳤던 사람에게는 별로 실망하지 않습니다. 관계를 이어나갈 근거도 없고 다시 만날 확률도 낮으니까요.

부모와 자식의 관계는 매우 특별한 인간관계입니다. 어린 시절에는 부모님께 절대적으로 의존하면서 지냅니다. 여러분은 기억하지 못하겠지만 부모님은 여러분이 잘 먹고 잘 자는 것만으로도 엄청나게 기뻐하셨답니다. 그러다가 두 발을 딛고 일어서 발걸음을 떼던 날에는 감탄에 감탄을 거듭하셨을 겁니다. 그런데 잠만 잘 자도 예쁨을 받던 아이가 자라 청소년 시기에 접어들면서 자녀와 부모님 사이엔 살짝 이상기류가 형성됩니다. 더는 잘 먹고 잘 자는 것으로 부모님을 만족시킬 수 없기 때문이에요.

야동을 보다가 들켜 부모님에게 실망을 안겨드렸던 윌리엄이 떠오릅니다. 그는 인터넷 검색을 하다가 우연히 영상을 보게 되었다고 해요. 자신도 모르게 신기한 마음에 자꾸 보게 되었겠지요. 윌리엄의 부모님은 화를 내면서 휴대폰을 압수했고, 일상생활을 모두 감시하기 시작했습니다. 윌리엄은 무섭기도 했지만, 자기 때문에 눈물 흘리는 엄마를 보면서 너무나 마음이 아팠습니다. 속상해서 방에 들어가 혼자 울었대요. 그렇게 혼자 울고 있는데, 너무나 외롭더래요. 익숙하고 편안했던 집안이 공포스럽기까지 했다는군요.

윌리엄은 어떻게 해야 할지 막막했어요. 우선 본인이 어떤 상태인지, 무엇을 원하고 있는지를 살펴보았어요. 영상을 일부러 찾아서 본 게 아니라 어쩌다 보게 된 것이라고 말씀드리고 싶었어요. 궁금한 것도 직접 말씀을 나누고 싶었지요. 며칠을 고민하던 윌리엄은 부모님께 용기를 내서 자신의 마음을 **솔직하게** 털어놓았습니다.

"엄마 아빠를 실망하게 해서 죄송해요. 엄마 아빠에게 들

키고 싶지 않았는데요. 들키게 되어서 정말 창피했어요. 엄마 아빠랑 이야기하고 싶어요. 저와 이야기해주실 수 있나요?"

말씀을 드리는 내내 입술이 바르르 떨렸어요. 윌리엄의 부모님은 어떻게 반응하셨을까요, 또 혼내셨을까요? 아닙니다. 아직 어린애인 줄만 알았는데, 용기를 내어 먼저 이야기해줘서 고맙다고 하시면서 함께 대화하자고 하셨답니다. 그 말을 듣고 윌리엄은 마음이 한결 가벼워졌어요.

윌리엄은 일부러 야동을 찾아본 게 아니라, 검색하다가 우연히 옆에 뜬 화면을 눌렀는데, 그게 야동으로 이어졌다고 솔직하게 말씀드렸어요.

윌리엄의 이야기를 들은 부모님은 그런 영상은 대개 어른들이 옳지 않은 방법으로 돈을 벌 목적으로 만든 거라 현실과 다른 부분이 많다고 이야기해주셨습니다. 자극적이고 기괴할수록 더 많은 사람이 찾기에 그런 걸 노리고 영상을 만드는 나쁜 어른들이 있다고요. 그러면서 부모님은 윌리엄이 성에 대해서 오해하게 될까 봐 걱정된다고 말씀하셨습니다. 윌리엄이 건강한 성인으로 자라야 하는데, 행여 어린 마음에 나쁜 영상을 보고 충격을 받을까 봐 염려해서 야단친 거라고 솔직하게 털어놓으셨죠. 그러고는 궁금한 점이 있으면 언제든 물어보라고 하셨다고 합니다.

윌리엄처럼 부모님과 허심탄회하게 대화를 나눌 수 없는 친구들도 있을 거예요. 그렇게 가까운 사람들과 속마음을 나누지 못한 채로 성인이 된 사람들도 많고요. 어떤 분은 야동을 보다가 부모님께 혼났던 그날을 성인이 된 후에도 잊을 수 없다고 고백했답니다.

또 어떤 분은 부모님을 실망하게 했다는 죄책감 때문에, 한동안은 야동을 보지 않았지만 그럴수록 자꾸 생각나고 더 궁금해져서 결국 몰래 보았다고 합니다. 그러다가 성인이 되어 청소년기를 돌아보면서 죄책감을 느꼈다고 해요. 만일 그 시절로 돌아갈 수 있다면 부모님과 대화하면서 궁금한 것들을 주고받고 싶다고 했습니다. 그는 그때 그 시절 부모님과 대화하지 않은 것을 가장 후회한다고 고백했어요.

비단 야동을 보는 문제뿐만이 아닙니다. 청소년기의 여러분이 부모님을 실망하게 하는 일은 정말 다양하잖아요?

자꾸 실망을 안기다 보면 어느 날부터는 "이번 생은 망했어." 하면서 계속 실망스러운 자녀로 남는 길을 택할지도 몰라요. 그런데 우리 한번 솔직하게 말해볼까요? 실은 우리 모두 부모님께 인정받는 자녀가 되고 싶잖아요? 부모님을 실망하게 한 자녀로 남고 싶은 사람은 아무도 없을 겁니다. 누구나 더 나은 모습을 보여드리고 싶어 합니다. 그렇다면 어떻게 하면 좋을까요?

우선 부모님과 대화를 통해 어떤 행동을 하면 좋을지 구체적으로 목록을 만들고, 서로 약속을 만들어보세요. 이때 주의할 점이 있습니다. 부모님께 잘 보이기 위해서 (지키지도 못할) 많은 약속을 하기보다는 자신이 지킬 수 있는 최소한의 목표들을 약속 리스트에 넣어야 한다는 겁니다. 예를 들어, 매일 밤새 게임을 하느라 부모님이 실망하셨다면, "이제부터 게임을 안 할게요." 하는 약속이 아니라 "매일 제시간에 잠들고, 주말에 한 번만 밤샘 게임을 할게요." 하는 식으로 목표를 설정하는 거죠. 즉 내가 지킬 수 있는 약속을 만들어야 한다는 뜻입니다. 이렇게 하나둘 작은 것들을 지켜나간다면 실망으로 깨어진 관계도 회복할 수 있어요. **내가 지킬 수 있는 행동을 통해 믿음을 주면서요.**

때로는 부모님의 기대가 지나치다고 생각할 수도 있고 버겁다고 여길 수도 있어요. 그럴 때는 부모님께 직접 말씀드리세요. 무조건 부모님의 기대에 맞출 필요는 없어요. 내가 원하지도 않는데, 부모님이 원한다고 해서 부모님의 바람이라고 해서 무작정 맞추다 보면, 여러분이 힘들어질 수 있습니다.

인생의 주체는 나 자신입니다. 부모님도 아니고, 친구도 아니고, 선생님도 아니에요. 물론 부모님은 나를 가장 오래 봐오신 분들이에요. 그만큼 나에 대한 의견을 다양하게 주실 수 있고, 내가 참고할 것들도 많아요. 또 어떤 면으로는 경험 많은 인생 선배인 부모님의 말씀을 따르는 게 속이 편할 때도 있어요. 하지만 그 말씀 그대로 살아야 할 의무는 없답니다.

여러분, 자신이 원하는 것을 알아가는 과정이 곧 성장이에요. 이 과정에서 **나의 선택**은 필수입니다. 그리고 선택에는 반드시 책임이 뒤따르지요. 부모님은 이미 청소년기를 거쳤고, 다양한 경험으로 축적된 데이터를 가지고 계셔요. 그렇기에 자녀가 조금이라도 어려운 일이나 실수를 겪지 않도록 도움을 주고 싶어 합니다.

자신이 기꺼이 실패할 용기가 있고, 부모님께 자신이 원하는 것을 꼭 보여드리고 싶나요? 그렇다면, 자신이 하고 싶은 것을 기꺼이 선택해도 좋을 것 같아요. 자식이 불행하기를 바라는 부모님은 없어요. 여러분이 당당하게 여러분만의 길을 만들어간다면, 부모님도 응원해주실 거예요.

부모님이 실망하셨다고요? 괜찮아요. 《톰 소여의 모험》을 쓴 마크 트웨인은 '용기란 두려움에 대항하고, 두려움을 정복하는 것이다.'라고 말했습니다. 이제 나와 부모님 사이에 새로운 관계를 형성할 수 있는 기회가 왔네요. 용기를 내어 부모님께 솔직하게 자신을 표현해보세요. 내 안에 가지고 있는 두려움을 온전히 마주해보세요. 부모님도 여러분이 성장하려고 노력하는 모습에 감동해서 무엇이든 기꺼이 도와주시려고 할 거예요.

부모님이 기대하시는 바에 부응하면서, 직접 실천까지 할 수 있다면 금상첨화입니다. 하지만 무리하지는 말아요. 대신 내가 원하는 것이 무엇인지, 부모님의 바람은 무엇인지 서로 솔직하게 이야기를 나눈 다음, 함께 목표를 설계해보세요. 이때 여러분의 선택에는 반드시 책임이 따른다는 점, 절대 잊지 말고요. 부모님과 대화하고 싶은데 방법도 모르겠고, 걱정만 앞선다고요? 그렇다면 다음의 예를 따라 해보세요.

[속닥속닥 💬 부모님과 대화하기 전 두려움을 극복하기]

부모님이 아니라, 나에게 실망한 다른 사람과 대화하기로 활용해도 좋아요. 부모님에 그 사람에 이름을 넣고 질문을 바꿔서 생각해봐도 되겠지요.

1. 부모님이 실망하신 부분은 구체적으로 어떤 일, 사건 때문일까요? (구체적으로 작성해봐요.)

2. 나는 이 일로 인하여 어떤 마음, 감정, 생각이 드나요?
   마음:
   감정:
   생각:

3. 부모님의 마음은 어떠실까요?

4. 부모님이 내 말을 잘 들어주신다면, 무슨 말씀을 드리고 싶나요?

5. 나는 앞으로 부모님과 어떤 관계가 되고 싶나요?

6. 그런 관계가 되기 위해서 나는 무엇을 할 수 있을까요? 부모님께는 어떤 도움을 받을 수 있을까요? 혹시 집에 다른 도움을 요청할 수 있는 사람이 있나요? 실현되지 않아도 괜찮으니 떠오르는 아이디어를 최대한 다 적어보도록 해요.

너도나도 좋은 방법 찾기
win-win 하기

2021년 경기도 교육청에서 고등학생 천 명을 대상으로 조사한 결과에 따르면, "친구와의 관계가 좋을 때 학교생활이 만족스럽다."라고 응답한 학생이 약 55퍼센트입니다. 약 30퍼센트의 학생은 친구 관계가 불편할 때 학교생활도 만족스럽지 않다고 말했습니다. 학교에서 마음을 터놓고 이야기하거나 즐겁게 놀 수 있는 친구의 존재가 또래에게 매우 중요하다는 조사 결과입니다.

그런데 친구와 마냥 사이좋게 지낼 수만은 없어요. 사소한 의견 차이는 물론 때로 심각한 갈등이 생기도 합니다. 이런 일들이 발생하면 학교생활에도 영향을 받게 됩니다.

여러분은 친구와 의견 차이가 날 때 어떻게 하나요? 친구와 친하게 지내고 싶은 마음에 무조건 양보하나요? 내 말을 잘 들어주는 친구가 있다고 해서 나의 의견만 주장하나요?

의견 차이는 얼마든지 생길 수 있어요. 음식을 조리하는 방법이나 드라마에 대한 감상평 같은 사소한 것부터 정치·사회적인 문제에 이르기까지 다양한 분야에서 발생합니다. 그런데 가만히 보면 의견 차이가 날 때 사람마다 대응하는 방법이 다르다는 걸 알 수 있어요. 그러니 우리가 미리 대처하는 방식을 익힌다면 의견 차이 때문에 서로 얼굴 붉히는 일은 줄일 수 있겠지요?

"사람은 누구에게나 그동안 살아온 삶의 방식이 있다. 이 관성은 매우 뿌리가 깊어서 작은 난관에만 부딪쳐도 바로 돌아가고 싶은 생각이 불쑥불쑥 올라오게 마련이다.*"

이 글의 뜻이 무엇일까요? 우리는 누구나 조금 다르게 시도하고 싶어 하지만 갈등이 생기면 자기도 모르게 익숙한 방식을 선택하여 대처한다는 뜻입니다. 여러분에게도 갈등을 대할 때 익숙하게 선택하는 방식이 있나요? 어떤 방법이죠? 이번에는 저와 함께 갈등을 대하는 방식과 그 이유를 알아봅시다. 이미 나에게 습관으로 굳어진 방식, 즉 삶의 관성을 벗어나게 해주는 데 도움이 될 것입니다.

'오렌지 게임'이라는 것이 있습니다. 오렌지 두 개를 가지고, 세 사람을 만족시킬 해결책을 찾는 게임이지요. 미영이는 오렌지 게임을 시작하자마자 "너무 간단해요, 그냥 오렌지를 다 없애버리면 되잖아요?"라고 말했습니다. 사람은 세 명인데, 오렌지는 두 개뿐이니 아예 없애버리면 누구도 불평할 이유가 없다는 거죠.

네, 미영이에겐 별거 아닌 문제 같았나 봐요. 그런데 다른

* 이지현, "창조적 삶의 법칙은 어떤 것인가?", 중앙일보, 2016.2.14.

친구는 의견이 달랐어요. 그는 오렌지 껍질을 벗겨 조각조각 나눈 다음 몇 조각인지 다 세어서 공평하게 나누어 갖거나 가위바위보를 해서 이긴 사람이 더 많이 가지면 어떠냐고 말했지요.

또 다른 친구는 오렌지 알맹이를 어떻게 나눠 먹을지만 생각하지 말고 오렌지 껍질을 이용하는 방법도 생각하면 어떻겠냐고 했어요. 자신이라면, 오렌지 알맹이에는 관심이 없고, 오렌지 껍질로 방향제나 쿠키를 만들 거라면서요. 오렌지를 당근마켓에 팔아서 세 사람이 원하는 것을 사면 어떨까, 하는 신박한 아이디어도 나왔습니다.

미영이는 친구들의 이야기를 듣다가 깜짝 놀랐습니다. 모두를 만족하게 하는 방법은 없을 줄 알았는데, 친구들과 함께 고민하니 해결책이 다양하다는 것을 알게 되었거든요.

이 게임은 평화학의 아버지 요한 갈퉁(Johan Galtung)*이 《오렌지 이야기》라는 동화책†에서 시작한 것입니다. 이야기는 오렌지 두 개로 삼 형제를 만족시킬 수 있는 방법을 찾아가는 내용이에요. 책은 "어른들은 원하는 게 있을 때 싸웁니다."라는

---

* 요한 갈퉁은 수학박사 학위와 사회학박사 학위를 동시에 가지고 있었어요. 2차 세계대전 이후 그는 '수많은 사람이 죽어야 했을까? 살릴 수 있는 방법은 없을까?' 하고 고민했대요. 다른 사람들에게 도움이 되는 연구가 무엇인지 궁금해서 도서관에 갔어요. "전쟁"이라고 검색하자, 다른 사람을 죽이는 방법에 대하여 나왔어요. "평화"라는 단어를 검색하니 자료가 없었대요. 그때부터 분쟁이 일어나지 않고 모두가 평화롭게 살아가는 방법이 무엇일지 연구했다고 합니다.

† Johan Galtung, A Flying Orange Tells Its Tale, Kolofon, 2003.

문장으로 시작합니다. 이러쿵저러쿵 오렌지를 나누는 방법에 대한 여러 이야기가 오가다가 마지막에는 아주 흥미로운 결론이 나옵니다. 삼 형제는 오렌지로 즙을 짜서 주스를 만들어요. 그러고는 이걸 팔아서 더 많은 오렌지를 사 먹습니다.

오렌지 두 개로 세 사람을 만족시켜야 하는 상황을 해결해가는 것인데요. 이를 **갈등 대응 유형**이라고 합니다. 갈등 상황에서 갈등을 다루는 방식이 무엇인지 알게 해주는 것입니다. 갈등이 생겼을 때 '아이 귀찮아.' '왜 이런 생각하기도 힘든 일이 발생했지?'라고 곤란한 그 무엇으로 받아들이면, 우리의 사고는 그 상황을 '힘들고 어려운 일'이라고 단정해버립니다. 이렇게 사고가 한 가지 결론(힘들고 귀찮은 일)으로 굳어지면 그 다음부터는 다른 방법이 눈에 들어오지 않습니다. 마음은 점점 더 힘들어질 테고요.

발명의 아버지 에디슨은 **"항상 더 나은 방식이 있음을 명심해라."**라는 말을 남겼는데요. 제도교육을 받지 않은 채 일평생 실패와 성공의 교차로를 넘나들며 발명에 몰두했던 발명왕다운 말이지요? 내가 다르게 접근할 수 있는 방법이 무엇인지 고민하면, 사고의 폭이 넓어집니다. 그러면 보다 현명하게 선택할 수 있어요.

여러분, 꼭 기억해주시면 좋겠어요. 곤란한 상황을 힘든 상황으로 받아들이기보다는 새로운 방법을 찾을 수 있는 기회로 여기면 더 성장할 수 있다는 것을요.

갈등 대응 유형은 갈등을 대할 때 선택하는 방식이 무엇인지에 따라 다섯 가지 방법으로 나타납니다. **맞서기**, **양보하기**, **회피하기**, **타협하기**, **협력하기**이지요. 그중 어느 대응 방식이 좋고, 또 어떤 것은 나쁜 방식이다, 같은 원칙은 없습니다. 모든 갈등 대응 유형에는 각각의 장단점이 있기 때문이에요. 하나씩 살펴볼게요.

첫째, **맞서기**예요. 맞서기는 '내가 원하는 것을 어떻게든 쟁취하는' 방식입니다. 의견이나 생각이 다를 경우 다른 사람들이 자기 말에 귀를 기울일 수 있도록 열심히 설득하는 방법인데요. 이 방식의 큰 장점은 갈등을 빠르게 해결할 수 있다는 점입니다.

모둠 과제를 하다 보면 자신이 원하는 방식대로 주장하는 사람이 꼭 한두 명 나옵니다. 이 친구들은 다른 각도에서 보면 '내가 하고 싶은 것이 무엇인지 명확하게 아는 사람'이기도 해요. 잘못된 방식이라고 단언할 수는 없어요. 다만 자신이 원하는 것만 추구하다 보면 이를 쟁취했을 때는 기쁘지만, 쟁취하지 못했을 때는 엄청나게 좌절할 수 있다는 것을 알아야 합니다. 또한 맞서기를 주로 선택하는 사람들은 고독해지기 쉽습니다. '독불장군'이라 여겨 슬슬 피해 가지요. 여러분도 어른들이 본인 주장만 펼치면 갑자기 듣고 싶은 마음이 싹 달아나버리잖아요? 마찬가지예요. 내 주장만 강조하다 보면 어느 날 친구들이 더는 내 말에 귀 기울이지 않을 수 있어요.

맞서기를 하는 상황에서 항상 양보해주는 친구도 있어요.

시험이 끝나서 친구 둘이 쇼핑을 갔습니다. 옷가게에 들어갔는데 딱 마음에 드는 바지를 발견했어요. 하필 두 사람 다 거기 꽂혔는데, 안타깝게도 그 바지가 달랑 한 벌뿐이라는 거예요. 이럴 때 평소에도 늘 양보하던 친구가 "그냥 네가 사. 나는 다음에 사면 되지."라고 말합니다. 양보하는 친구는 자신이 조금 손해를 보더라도 친구가 더 행복했으면 좋겠다는 마음이었어요.

갈등 대응 유형의 두 번째 방식은 **양보하기**입니다. 양보하기는 갈등을 빨리 해결하는 데 도움을 주지만, 모두를 만족시킬 수는 없지요. 양보하기에는 항상 희생하는 사람이 존재하거나 승자가 존재해요.

여러분 가운데 혹시 늘 양보하는 사람이 있나요? 그렇다면 한번 곰곰이 생각해보세요. 양보하고 나서 마음이 어떤가요? 왠지 속상하거나 찜찜한 마음이 남아있지는 않나요? 내가 진짜 원하는 것이 있는데도 '내 마음을 표현하기 쑥스러워서' 혹은 '그동안 계속 양보했는데 갑자기 내 주장을 하면 친구들이 이상하게 생각할까 봐' 이런 마음은 혹시 아니었나요?

만약 그렇다면 이런 상황이 매우 답답하게 느껴질 겁니다. 그러니 혹시 양보하기에 익숙한 사람이 있다면, 내가 진짜 원하는 상황이 되었을 때는 내 마음과 생각을 당당하게 표현할 수 있도록 연습해볼 것을 권합니다.

꽁꽁이는 친구와 다투면, 일단 일주일씩 표현을 하지 않았어요. 더는 싸우고 싶지 않아서이지요. 이런 방식이 바로 갈등 대응 유형 중 **회피하기**입니다. 오렌지 게임에서 오렌지를 없애 버리자는 사람들이 이 유형에 속합니다.

회피하기는 얼핏 갈등이 사라진 것처럼 보이지만 실은 갈등이 해결된 게 아니기에 불편함이 남습니다. 이런 유형 중 일부는 갈등이 생겼을 때 "천천히 생각하자."라고 하면서 판단이나 결정을 곧잘 미룹니다. 그만큼 갈등 상황을 버거워한다는 뜻인데요. 이렇게 하면 당장은 마음이 편안할 수 있지만, 그 상황에서 벗어나기는 어렵습니다.

친구와 다투었는데 자기 마음을 표현하지 않는다면 응어리가 남아서 더 큰 싸움으로 번질 수도 있어요. 두 사람이 싸웠는데 서로 속마음을 이야기하고 풀지 않은 채 자기 자리로 돌아갔다고 쳐요. 점심시간에 급식실로 가다가 나도 모르게 눈이 마주쳤는데, 상대방은 마치 자신을 째려본 것 같다고 오해할 수 있지 않겠어요? 더 큰 오해가 생기지 않기 위해서는 내 마음을 표현하는 것이 정말 중요합니다.

배가 고픈 상황인데 빵이 하나만 있어요. 공평하게 반반씩 나눠 먹으면 좋겠다고 생각하겠지요? 하지만 이것은 가장 본질적인 문제인 '배고픔'을 해결한 게 아니므로 '절반의 타협'에 불과합니다. 이런 방식이 갈등 대응 유형 중 **타협하기**에 해당합니다. 타협하기는 많은 갈등 상황에서 모든 사람을 만족시킬 수는 없지만, 적어도 불만이 터져 나오지도 않게 하는 방식입니다.

그렇다면, 모두를 만족시키는 방법은 무엇일까요? 바로 **협력하기**입니다. 흔히 '승승(win-win)'의 방식이라고 하지요. 즉 나도 만족스럽고 상대도 만족스러운 방법을 고민하는 것인데요. 하지만 사람들은 흔히 대부분의 상황에서 갈등을 빠르게 해결하려고 '맞서기, 양보하기, 회피하기, 타협하기'를 선택합니다. 모두가 만족할 수는 없지만 어쨌든 갈등을 피하고 보자, 라는 마음 때문이지요. 이럴 때 조급하게 생각하지 말고(비록 모두가 만족스러운 방법은 찾기 힘들어도), 더 많은 사람을 만족하게 해줄 수 있는 다른 방법은 없는지 생각해야 합니다.

각자에게 중요한 문제가 무엇인지 물으면서, 솔직하게 대화를 나눠보는 거예요. 이 과정은 물론 조금 힘들고 시간도 더 걸립니다. 하지만 각자에게 중요한 것을 나누다 보면, 생각지도 못했던 제3의 방법이 떠오를 수 있습니다.

오렌지 두 개를 셋이서 어떻게 나누냐면서 그냥 버리자고 하면, 모든 게 거기서 멈춥니다. 하지만 방법을 고민했더니, 놀랍게도 수익을 낼 수 있는 신선한 방법까지 나왔잖아요? 기회와 방법은 찾을수록 많아집니다.

'갈등 대응 유형'에 대하여 알아봤어요. 갈등이 귀찮다고 생각하나요? 고민하는 게 버거워서 그럴 수 있어요.

늘 회피하기를 선택하고 있다면, 이제부터라도 갈등 대응 유형의 다른 측면들을 보면서 다른 시도를 해보세요. 누군가에게 내가 맞서기를 선택한다면, 다른 사람의 말을 조금 더 경청해보세요. 사고의 폭이 넓어질 수 있어요. 양보하기를 주로 선택하는 친구라면 자기 마음을 솔직하게 표현하도록 노력하세요. 상대가 무섭거나 두려워서 표현하지 못할 수도 있어요. 그런 상황에서도 내 자신을 위해 표현할 수 있는 방법을 고민해봐요. 적당히 타협하는 방법을 선택할 수도 있어요. 이때 겉으로는 평화로워 보이지만 모두를 만족시키지 않는다는 것을 기억해요. 마지막으로 협력하여 모두를 만족시키는 방법을 고민할 수 있어요. 이 방법이 오래 걸린다고 시도조차 하지 않는다면, 모두를 만족시킬 수 없게 될 거예요.

드라마에는 반드시 갈등이 나옵니다. 갈등이 어려운 만큼 이야기가 흥미진진해져요. 주인공들이 어떤 식으로 갈등을 해결하고 난관을 헤쳐 나가는지 관찰하는 재미도 쏠쏠합니다. 그러면서 '내가 저 상황이라면 어떻게 했을까?' 하고 상상해보기도 합니다.

이제 갈등이 생기면 갈등 대응 유형을 떠올리며 다양한 경우의 수를 생각해보세요. 혹시 내가 갈등 상황에서 하나의 대응 유형으로만 접근하고 있다면, 다른 방법으로는 접근할 수 있을지 시도해봅니다. 발명가 에디슨도 언제나 '보다 나은 방법'을 고민하면서 발명왕이 되었다고 했잖아요? 처음엔 단 3초만이라도 다른 방법이 있을까, 고민해보세요. 그러면 다음번에는 4초, 5초를 생각하면서 조금 더 창조적인 방법을 찾고 있는 자신을 발견하게 될 겁니다.

[속닥속닥 💬 갈등 대응 유형]

갈등에 따라서 유형은 달라질 수 있어요. 다양한 갈등이 떠오른다면, 내가 가장 힘들었던 갈등을 떠올리며, 생각해보도록 해요. 가장 힘들었던 갈등이 떠올랐나요? 그렇다면, 아래에 질문을 따라서 탐구해보도록 해요. 혹시 떠오르지 않거나 모르겠다면, 드라마, 영화, 웹툰 등에 나오는 주인공이 나라고 생각해보면 어떨까요?

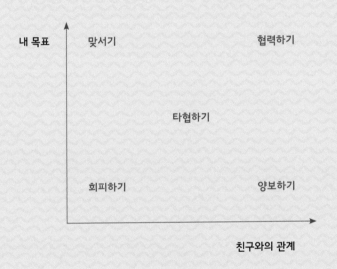

1. 내가 친구와의 갈등이 있을 때, 선택하는 유형은 주로 무엇인가요?

2. 나는 무엇이 중요해서, 그 유형을 선택했을까요? 내 목표가 중요했나요? 친구와의 관계가 중요했나요?

3. 나도 좋고, 친구도 좋은 방법으로 선택할 수 있는 방법은 무엇이 있을까요?

3장
학교폭력

갈등이 선물이 될 때

왜 자꾸
나를 째려보는 거야
갈등은 기회가 시작되는 곳이지

어찌해야 좋을지 모르겠다며 울먹이던 파이리의 이야기를 들은 적이 있어요.

"새 학년이 되어서 반 배정을 받았어요. 반에 친한 친구가 하나도 없어서 속상했어요. 쉬는 시간마다 예전에 친했던 친구들을 만나러 돌아다녔어요. 그러던 중 피카츄가 '너도 우리 반에 친한 친구가 없나 보다?' 하면서 먼저 다가와줬어요. 고마웠어요. 그날부터 저희는 반에서 둘도 없는 단짝이 되었어요. 그

런데 어느 날부터인가 피카츄와 사소한 오해가 쌓이기 시작하더라고요. 그러다가 문자로 싸웠어요. 요즘엔 교실이나 복도에서 마주치며 그 애가 자꾸 저를 째려보는 것 같아요."

파이리가 경험한 것 같은 일을 겪어본 적이 있나요? 사실 친하지 않은 친구와는 다툼이 일어날 확률도 낮습니다. 부딪히는 시간이 별로 없으니까요. 그러나 친해지다 보면 자주 보게 되고, 함께 보내는 시간도 많아지니까 더 자주 마찰을 빚게 됩니다. 의견이 달라서 다투게 되는 경우도 더 많이 발생하고요. 파이리는 피카츄와 단짝처럼 지냈는데, 이젠 가장 불편한 사이가 되었다고 해요. 얼마나 괴로울까요? 생각 같아서는 반에 없는 사람처럼 지내고 싶은데, 그게 어디 말처럼 쉽겠어요? 친구들에게 의논하면 파이리가 피카츄의 험담을 하는 것처럼 들릴지도 모르니 더욱 조심스러울 거고요. 아마 파이리는 얼른 학년이 바뀌어 피카츄와 떨어질 날만 손꼽아 기다리고 있을 겁니다.

파이리만의 이야기는 아니에요. 사소한 갈등 때문에 학교생활이 힘들었던 기억은 누구에게나 있을 법합니다. 여러분은 어떠신가요?

학기 초에는 대개 익숙하지 않은 환경이라 누구나 긴장하게 마련입니다. 친구의 말 한마디, 행동 하나에도 조심스럽게 다가가게 되지요. 그러다가 학기 중간으로 갈수록 긴장감은 차츰 누그러지고, 반 아이들이 편안하게 느껴지기 시작합니다. 그런데 반대로 학기 초에는 조심스럽게 지내다가 학기 말이 되면 그간 참았던 스트레스를 폭발하는 예도 있습니다. 친해지면 기대하는 마음도 커지게 마련이어서 자신도 모르는 사이 '쟤랑 나는 친하니까 이 정도는 이해해주겠지.' 하는 생각이 들거든 요. 하지만 '이 정도'의 기준이 사람마다 다르다는 게 문제입니 다. 파이리에겐 세 번 참는 것이 할 수 있는 최고 수준이지만, 피카츄는 한 번밖에 참지 못한다면, 두 사람의 기준은 다른 거 잖아요?

저는 여러분에게 아무리 사소한 것이라 해도 오해가 쌓이게 놓아두지 말고 최대한 빨리 풀어버리라고 이야기하고 싶어요. '별거 아니야.' '시간이 좀 지나면 자연스레 해결되겠지?' 이렇게 놔두면 더 큰 문제로 번지기 쉽습니다. 둘만의 갈등이 여러 명에게 일어나는 갈등으로 퍼지는 경우도 생기지요. 갈등을 줄이고, 내가 편안해지는 방법을 알아볼게요.

첫째, 내 상황을 정확하게 이해해야 합니다. 친구와 갈등이 생기면 불편할 수밖에 없지요. 우울해지거나 속상한 감정에 휩싸이게 됩니다. 내 마음과 생각이 온통 친구와의 갈등에만 초점이 맞춰져요. 그러다 보니 친구와의 관계를 긍정적으로 생각할 여유도 없습니다.

사실 여러분 가운데 누구인들 불편한 마음으로 교실에 있고 싶겠어요? 다들 학교에 올 때는 즐겁고 행복한 일이 많기를 바라잖아요? 그런데 친구와의 갈등이나 다툼(설령 그것들이 사소해 보일지라도)은 즐겁고 행복했던 추억까지 삼켜버리게 마련입니다.

여러분, 이것만은 꼭 기억해주세요. 나는 불행하기 위해서 존재하는 사람이 아닙니다. 사소한 다툼이나 갈등 때문에 내 삶이 괴로워지는 것도 바라지 않습니다. 부정적인 감정에 휩싸이게 되면, 주변 상황들도 부정적으로 흘러가게 되거든요.

내가 불편한 상황에 놓였다면, 그 상황을 피하기보다는 내가 어떤 감정을 누구와 겪고 있는지 확인합니다. 가령 누군가와 불편하다면, 내가 어떤 감정을 느끼고, 무엇을 필요로 하는지 찾아보는 것이지요. 저라면 불편한 상황에서 이렇게 해볼 것 같아요.

"내가 교실에서 ○○이와 마주치는 게 불편하다고 느끼고 있구나. 나는 교실에서 조금 더 편안한 상황을 마주하고 싶구나."

만약 막연하게 불편하다고 짜증만 낸다면, 그 감정에만 머무르게 되겠지요. 그런데 이때 내 감정이 무엇인지, 내게 무엇이 필요한지를 알게 된다면, 그 상황을 보다 잘 이해할 수 있습니다.

둘째, 친구와 불편한 감정을 해소하기 위해 선택할 수 있는 **나만의 방법을 찾아보도록** 해요. 친구랑 일부러 다투려고 마음먹는 사람은 없습니다. 대개 '어쩌다 보니' '내 마음과 달리' 그렇게 되는 거잖아요? 그래서 마음이 더 불편하고 힘든 것이 겠지요.

우리의 마음을 전달하는 방법은 다양합니다. 우선 용기를 내서 대화를 시도해보는 것도 좋습니다. 부정적인 감정이 쌓여 있을 때는 상대방이 잘못한 점만 들추어내어 지적하기 쉬워요. 괜히 '네가 잘못해서 우리 사이가 이렇게 된 거야.' 같은 생각이 들어서 그걸 꼭 짚어주고 싶어져요. 그런데 우리는 나의 잘못만 계속 지적하는 말을 듣게 되면, 그걸 인정하는 대신 자꾸 변명하거나 반박할 거리를 찾게 됩니다.

내 잘못을 지적하는 친구에게 "그러는 너는 뭐 실수 안 하냐?" 이런 말을 쏟아내고 싶어집니다. 이 과정에서 관계는 악화하게 마련이고요. 이럴 때는 친구에게 내 마음을 솔직하게 표현해보세요. 내 감정이 어떤지 표현하는 거예요. 예를 들어볼게요.

"너와 이렇게 지내게 되어서 불편해. 예전에는 교실에 들어올 때 즐거웠어. 너랑 이야기하고 놀 생각에 쉬는 시간이 엄청나게 기다려졌고. 지금은 수업 시간이 차라리 좋은 것 같아. 너랑 틀어지고 나니 쉬는 시간에 무엇을 해야 할지도 모르겠고, 막막해. 편안하게 지내고 싶어서 이야기를 하고 싶었어. 예전처럼은 아니겠지만, 우리가 편안하게 지낼 수 있는 방법이 있을까?"

위의 친구는 내가 어떻게 느끼고 있는지, 내게 필요한 것이 무엇인지 솔직하게 이야기를 꺼냈습니다. 얼굴을 보고 말하는 게 어렵다면, 쪽지나 문자메시지에 마음을 담아서 표현해도 좋겠지요.

대화를 통해서, 서로 불편하다는 것만 확인이 되어도 좋습니다. 누군가를 째려보는 게 편안한 사람은 없을 거예요. 이런 행동은 사실 자신이 불편하다는 표현일 수 있어요. 또, 친구와 눈 마주치는 게 불편해서 나도 모르게 피할 때도 있지요. 서로를 위한 배려인데, 째려보는 것처럼 느껴질 때도 있습니다. 상대방이 째려보는 것을 멈추게 하기는 힘들지만, 내가 누군가를 째려보는 것은 멈출 수 있잖아요? 같이 째려보다 보면, 갈등은 더 커지게 마련입니다.

친구와의 사이가 좋아지지 않더라도 내가 편안해지는 방법을 꼭 찾도록 해요. 예전처럼 친하게 지내지는 않더라도(적어도 째려보지 않고), 아침에 만났을 때 인사라도 나누다 보면 학교에 오가는 길이 조금은 편안해지겠지요?

갈등이 있을 때 대응하는 모습을 보면 대개 두 가지 타입의 사람이 있더군요. 첫째로, 갈등을 증폭시키는 사람이 있고요. 둘째는 갈등을 본인의 성장에 도움이 되는 방법으로 이끌어가는 사람이 있습니다. 갈등은 언제든 발생할 수 있습니다. 피하고 싶다고 해서 피할 도리도 없고요. 그만큼 누구나 겪게 되는 흔한 상황 중 하나입니다. 그런데 어떻게 갈등을 대하느냐에 따라서 그 결과가 달라질 수 있습니다.

갈등이 일어났을 때, 문제를 상대방에게서만 찾고, 비난하는 경우가 있어요. 내가 상대를 비난하게 되면, 상대도 나를 비난할 수밖에 없지요. 이런 경우 감정적으로 대하기 때문에 서로 이해하기가 힘들어집니다. 내가 원했던 사과를 받기도 불가

능해져요. 비난은 갈등을 증폭시킬 따름이랍니다.

갈등은 기회가 되기도 해요. 서로 오해했던 부분을 대화로 풀면, 그 관계는 오히려 더 깊어지고 성장할 수 있습니다. 단짝 친구로 지내다가 다툰 친구들이 있었어요. 비난이 오고 가다 보니 서로 상종하지 못할 친구로 남을 상황까지 되었습니다. 한 친구가 상대방을 손절하고 싶을 만큼 괴로웠던 순간, 잠시 휴지통 노트에 감정을 쓰면서 마음을 되돌아보았습니다.

'왜 쟤는 이렇게 나를 이상한 애로 생각하지? 무엇 때문일까? 서로 입장을 바꿔서 생각해보자고 말해볼까?'

휴지통 노트를 쓰다 보니, 객관적인 상황을 이해하게 되었습니다. 그래서 용기를 내어 서로의 입장을 들어보자면서 대화를 시작했어요. 친구들은 "내가 먼저 이해하려고 노력했더니 꼬였던 마음이 풀리게 되었다."라고 말했습니다. 신비롭게도, 이해받기를 원할 때 내가 먼저 이해하면 된다는 사실을 알게 된 것입니다. 두 친구는 갈등이 생길 때 자신의 마음을 돌보면서 대화하면 된다는 사실을 배웠습니다.

갈등이 생기면 '이걸 어떡하나?' 하면서 무작정 두려워하기보다 관계를 성장시키는 기회로 바라보면 어떨까요? 계속 갈등을 피하기만 한다면, 갈등은 더 커지게 될 거예요. 하지만 갈등을 피하지 않고 다가간다면, 내가 더 성장할 수 있는 기회가 될지도 모릅니다. 그럴 때의 갈등은 내 인생의 선물이 되겠지요?

네 잘못이 아니야
누가 뭐래도 나는 내 편

여러분, 빌런이 등장하는 영화나 소설 중 어떤 게 가장 기억에 남아요? 그 작품에서 빌런은 어떤 사람이었고, 어떤 악행을 일삼았나요?

대체로 주인공을 괴롭히는 사람으로 등장하는 빌런은 힘이 세고 돈도 많은 권력자로 그려집니다. 반면, 주인공은 대개 연약하고 별 볼 일 없는 데다가 자기 능력을 모르는 사람으로 그려집니다. 그러나 우리의 주인공들은 하나같이 어려운 상황을 뚫고 극복해가려고 애씁니다. 물론 주인공이 어려움을 극복하려고 애를 쓰면 쓸수록, 빌런은 기세가 등등하여 괴롭히지만요. 이런 이야기들을 접하면서 우리는 나도 모르는 사이 착한 주인공과 나쁜 악당의 개념을 가지게 됩니다.

어린 시절에 자주 읽고 보았던 만화나 동화책에도 또렷하게 나뉜 선과 악이 존재합니다. 《내면소통》이란 책의 저자인 김주환 교수님은 다양한 이야기를 접하는 사이 사람들은 흔히 '주인공'을 나와 동일시하게 된다고 하셨습니다. 누구나 '내가 주인공'이라는 환상을 가지게 된다는 것인데요. 영화를 보거나 소설을 읽으면서 '악당'을 나와 동일시하는 사람은 없다고 합니다. 즉 우리는 누구나 나 자신은 옳고, 나와 다른 생각을 하거나 다른 행동을 하는 사람들은 나쁜 사람이라고 여기는 거죠. 자신과 조금이라도 다른 사람들을 적으로 만들기 시작하면, 적은 점점 더 늘어나게 되겠지요. 나와 다른 사람은 나쁜 사람으로 처단하고, 복수해야 할 사람들이 되겠지요.[*]

흥미로운 점은 '빌런 시리즈'는 계속된다는 점입니다. 1편에서 주인공을 괴롭히던 빌런이 사라졌다고 좋아했는데, 웬걸요, 2편이 나왔는데 이번에는 더 강력한 빌런이 등장합니다. 여러분이 즐겨 보았을 〈스파이더맨〉 시리즈를 떠올려보세요. 어마어마한 힘을 가진 다양한 캐릭터들이 빌런으로 등장했잖아요?

그런데 우리에게는 영화 속 주인공처럼 초능력이 없어요. 일상에서 악당 같은 존재들을 만나면 좌절하게 되지요. 그러면 어떡해야 할까요? 우리도 매일 힘을 키우고, 능력을 개발하고, 아이언맨의 수트 같은 걸 만들어야 할까요? 그럴 수 있다면 좋겠지만 우리의 일상은 영화가 아니잖아요. 자, 그렇다면 어떻게 해야 할까요?

학교든 그 어디든 빌런이 등장해도 빌런이라고 인식하지 않는다면, 마음이 좀 편안해질 수 있지 않을까요? 그 방법을 한번 찾아봅시다.

[*] 김주환 지음, 《내면소통》, 인플루엔셜, 2023, pp.588~590.

독일의 하인츠-페터 뢰어(Heinz-Peter Röhr) 정신과 의사 선생님은 희생자 콤플렉스라는 개념을 말씀하셨습니다. 희생자 콤플렉스는 "자신을 희생자로 여기고 영원한 희생자로 남는 태도"를 말합니다.[*] 어떤 상황에서도 자신이 불행하다고 느끼는 것이지요.

우리의 자아는 나의 신체와 마음, 그리고 뇌가 발달하는 동안 함께 자랍니다. 이렇게 자아가 발달하는 과정에서 상처는 양분이 되기도 하고, 독이 되기도 해요. 그런데 마음에 상처를 입었을 때, 마음을 잘 살펴주면, '희생자 콤플렉스'에 빠지지 않게 됩니다.

무슨 뜻일까요? 달리기를 하다가 넘어져서 무릎이 까지면 피가 납니다. 그러면 우리는 상처가 덧나지 않도록 먼저 깨끗하게 소독하고 연고를 발라줍니다. 우리의 마음도 마찬가지예요. 마음의 상처도 무릎에 난 상처처럼 돌볼 수 있답니다.

먼저 명심할 게 있어요. '상처'의 기준은 다른 사람이 아니라 바로 나 자신이라는 겁니다. 남들에게는 사소할지 몰라도, 나는 상처를 받을 수 있어요. 그걸 인정해야 한다는 뜻입니다. 또 하나, 어떤 상처의 크기도 함부로 '크다' '작다'라고 말할 수 없다는 것입니다. 내가 어떻게 느끼고 있느냐가 중요하거든요.

우리 뇌에서는 마음의 상처와 신체적 상처를 같은 부위에서 인지한대요. 마음이 아플 때 활성화되는 뇌의 부위와 팔다

---

[*] 하인츠-페터 뢰어 지음, 배명자 옮김, 《괜찮아, 그건 네 잘못이 아니야》, 나무의마음, 2021, p.101.

리가 부러졌을 때 이를 인식하는 뇌의 부위가 같은 영역이라는 것입니다.[*]

참 놀라운 사실이죠? 신체의 상처와 달리 마음의 상처는 잘 보이지 않습니다. 내 마음이 지금 피를 흘리고 있는데도 정작 눈에는 보이지 않으니 무시할 수 있어요. 그러면 우리 마음은 계속 피를 흘리거나 잘못 굳을 수 있습니다. 나의 마음이 조금이라도 아프다고 신호를 보내면 잘 보듬고 돌봐주어야 하는 이유입니다.

그런데 희생자 콤플렉스가 있는 사람들은 자신에게 어려운 일이 생겼을 때, 자신이 불행하다고 느끼는 것을 익숙하게 생각합니다. 자아는 상처받았을 경우 이후 회복해서 자라나야 하는데요. 큰 상처를 받게 되면 회복하지 못한 채 성장합니다. 그림처럼 자아가 상처를 받은 채로 성장하는 것인데요. 상처가

[*]   도나 힉스 지음, 박현주 옮김, 《존엄》, 검둥소, 2013, p.78.

트라우마, ??

건강한 인격*　　　　　　　希생자 콤플렉스*

회복되지 못한 채 자라니까 마음이 불편한 것도 익숙하게 받아
들이게 됩니다.†

　희생자 콤플렉스에 빠질 뻔했던 믿음이를 만났어요. 당시
믿음이는 학교에서 괴롭힘을 당하고 있었습니다.

　"제가 괴롭힘을 당할 줄은 꿈에도 몰랐어요. 그런 일은 드
라마나 영화에서 벌어지는 건 줄 알았어요. 제 학폭 사건이 인
터넷 뉴스에 나왔어요. 저를 이해해주는 것은 거기에 달린 댓
글밖에 없었어요. 저를 대신해서 응징해주고, 제가 하고 싶은
말을 다 해줬거든요."

　저는 믿음이의 말을 온전히 들어줬던 사람이 아무도 없었
다는 것이 너무나 속상했어요. "너가 강해져야 한다." "그냥 무

---

*　건강한 인격과 희생자 콤플렉스를 가진 인격(출처: 하인츠-페너 뢰어 지음,
　배명자 옮김, 《괜찮아, 그건 네 잘못이 아니야》, 나무의마음, 2021, p.102.)

†　하인츠-페터 뢰어 지음, 배명자 옮김, 《괜찮아, 그건 네 잘못이 아니야》, 나
　무의마음, 2021, pp.104~106.

시해라." "시간이 약이다." 등등 많은 사람이 믿음이에게 도움을 준다며 충고했습니다. 하지만 믿음이에게는 도움이 되지 않았어요. 친구들도 믿음이 편에 섰다가 행여 자기네까지 괴롭힘을 당할까 봐 슬슬 피해갈 뿐이었습니다.

자신의 처지가 어려울수록 이해받고 싶은 게 사람 마음입니다. 이럴 때 충고나 조언은 별로 도움이 되지 않아요. 그저 온전히 나의 이야기를 들어주는 사람이 필요합니다.

갑자기 괴롭힘을 당했다면, '나에게 이런 일이 왜 일어났을까? 내가 무엇을 잘못했을까?' 하면서 끊임없이 생각할 수밖에 없어요. 그러다 보면 으레 자신을 비난하며 자책합니다.

남들이 나에게 했던 말을 자신에게 똑같이 던지면서 나도 모르는 사이 스스로를 공격하게 되는데요. 이와 같은 말을 '가혹한 목소리'라고 합니다. 가혹한 목소리는 자신을 비판하며, 두려움을 증폭시키는 말이에요. 자신을 향해 가혹한 목소리를 많이 낼수록 우리 뇌의 편도체가 자극을 많이 받는다고 합니다.*

우리가 길을 가다가 뱀을 만났다고 상상해보세요. 일단 위험하다고 인지하고 도망가야 한다고 생각합니다. 이 두 가지 생각이 동시에 일어나죠. 편도체가 활성화되는 순간은 이렇게 뱀을 만난 순간과 같습니다. 편도체가 활성화되면 모든 순간이 갑자기 뱀을 만난 것처럼 두렵게 느껴집니다.

---

* 로버트 마무어 외 지음, 원은주 옮김, 《두려움의 재발견》, 경향BP, 2016, pp.257~272.

그런데 여러분, 내가 괴롭힘을 당했다는 말을 꺼내는 게 여간 어렵지 않죠? 누군가에게 내 어려움을 이야기하는 것은 곧 내 연약함을 들추어내는 일과 같기 때문입니다. 또, 내 어려움을 이야기했는데 "강해져라!"라는 말처럼 공감을 받지 못하는 말을 들을까 봐 두렵기도 하고요. 내가 힘들 때 내가 듣고 싶은 말은 전폭적인 공감과 이해입니다. "이렇게 저렇게 해보라."라는 식으로 행동 수정을 요구하는 말은 내 상처를 더 아프게 할 뿐입니다.[*]

생각해보세요. 상처가 난 마음은 치료하고 회복할 시간이 필요합니다. 이런 걸 다 무시하고 "강해질" 수는 없어요. 무릎을 다쳐 피를 줄줄 흘리며 절뚝이는 선수에게 "자, 강하게 마음먹고 얼른 더 빨리 뛰어봐." 하는 것과 같습니다.

마음도 똑같아요. 몸이든 마음이든 우선 회복이 먼저입니다. 그러고 나면 자연스럽게 강해질 수 있습니다. 그러니 마음에 상처를 받았을 때 애써 강인해지려고 노력할 필요 없어요. 정말 어려운 순간, 나에게 필요한 것은 공감이니까요.

남들이 공감해주지 않으면 어떡하냐고요? 걱정하지 마세요. 내가 나를 공감해주는 방법도 있습니다. 가장 편한 방법 중 하나는 자신이 좋아하는 곰인형이나 사물에 내가 하고 싶은 말을 표현하는 거예요. 이를 "테디베어 이펙트"라고 하는데요. 내 마음에 진정으로 공감해줄 상대를 발견하지 못했을 때 내 속마음을 곰인형에게 이야기하는 거죠. 어렸을 때부터 갖고 지내는

---

[*] 도나 힉스 지음, 박현주 옮김, 《존엄》, 검둥소, 2013, pp.75~86.

애착인형도 좋고 특별히 아끼는 곰인형도 좋아요. 무엇이든 나와 친근한 물건에 내 마음을 표현하면 마음이 편안해진다고 합니다.

학교에서 아무에게도 고민을 털어놓지 못한다는 철수에게 곰인형 대화를 소개했어요. 철수는 실제로 곰인형과 대화하면서 마음이 정리되었다고 합니다. 자신이 가장 억울해하는 부분이 무엇인지 알게 되었고, 그 억울함을 어떻게 해결할지 고민하다가 선생님을 찾아갔대요.

철수는 선생님께 자신이 어떤 일을 겪었고, 무엇이 필요한지를 명확하게 말씀드렸습니다. 곰인형 대화는 공감받는 경험뿐만이 아니라 자신이 처한 상황 자체를 객관적으로 바라볼 수 있도록 도와줍니다.

친구들이 나를 놀릴 때, 재미있다고 함께 웃었지만 되돌아서서 괴로웠던 적이 있나요? 그럴 때는 단호하게 "너희들은 재미있을지 몰라도, 나는 괴로워. 멈춰줬으면 좋겠어."라고 표현해야 합니다. 만일 이렇게 표현했는데도 상황이 나아지지 않는다면, 다른 사람들에게 도움을 요청하세요. 하지 말라고 표현했는데도, 지속적으로 나를 괴롭히는 일이 있다면 반드시 도움을 요청해야 합니다.

절대 혼자 견디면 안 됩니다. '처음이니깐 괜찮겠지?' '내가 스스로 이겨낼 수 있을 거야.'라고 생각하며 본인 혼자서만 노력하다가는 일이 더 커질 수 있습니다. 여러분 주위에는 분명 여러분을 도와줄 사람이 있답니다. 왕따를 겪고 어른이 된 사람들의 이야기를 들어보면, 한결같이 어린 시절 자신에게 꼭 하고 싶은 말과 행동이 있다고 하더군요.*

"네 잘못이 아니야."

"나 같으면 진짜 힘들어서 너처럼 못 했을 것 같아. 버텨줘서 고맙다."

"끝까지 나를 도와주는 친구 한 명, 내 고민을 들어주는 선생님이나 어른 한 명. 그것도 아니라면 다정한 포옹 한 번."

나를 괴롭히는 '그 누군가'에겐 사실 타당한 이유라는 것이 없답니다. 괴롭히는 이유를 물어보면 정말 놀랍게도 "그냥"과 같이 특별한 이유가 없거나 "놀려도 될 거 같아서" "반항하지 않으니까"와 같은 대답이 돌아옵니다. 그러니까 누군가 여러분을 괴롭힐 때 그 까닭이 여러분에게 있는 것이 아니라는 뜻입니다.

우리는 모두 소중한 사람입니다. 오직 마땅히 존중받아야 할 존재이지요. 누구나 다 그렇습니다. 그러니, 오해가 생겼다면 어디서부터 오해를 풀 수 있을지 방법을 찾으면 됩니다. 여러분이 자신을 탓하거나 종종 자괴감과 우울감에 빠지는 것은 단지 그 방법을 찾지 못했기 때문입니다. 무엇이든 잘못된 것이 있다면 바로잡으면 되지요. 그리고 마음이 어려울 때는 내

---

* 왕따였던 어른들 지음, 《나 이렇게 살고 있습니다》, 씨리얼, 2020, p.74, p.90.

가 상처를 받아서 힘들다는 것을 자연스럽게 이해하면 되겠지요.

유튜버 곽튜브는 학창 시절 연속적인 학교폭력으로 트라우마가 생겼어요. 초등학교 때부터 또래에 비해 작은 체구였기에 종종 괴롭힘의 대상이 되었습니다. 그러다 보니 다른 사람들을 어떻게 대해야 할지 막막했다고 합니다. 결국 대인기피증까지 생겨서 학업을 중단한 채 수년 동안 집에만 있었다고 해요.[*]
성인이 된 곽튜브는 낯선 해외 시골 마을에 가서 모르는 사람과 친구가 되었습니다. 러시아 여행 중에 낚시하다가 만난 우즈베키스탄 분인 어몽 형님과 연락처를 주고받았고요. 나중에는 어몽 형님 집에 찾아가기까지 했습니다. 곽튜브는 어몽 형님 덕분에 자신이 100만 넘는 구독자가 생기게 되었다고 말합니다. 자신이 처한 어려움에 머물지 않고, 새롭게 친구를 사귀는 과정을 유튜브로 찍으면서 자신의 한계를 극복했어요. 곽튜브는 혹시나 괴로움을 겪고 있는 사람들이 있다면 꼭 전하고 싶은 말이 있다고 합니다.

"그 힘든 순간을 본인의 결단으로 끊어낸 것만으로도 인생의 크고 좋은 선택을 한 것이기 때문에 자책하지 말고, 혼자 누워서 생각을 하고 고민을 하고 있다는 것만으로도 지금의 저

---

[*]　채태평, "곽튜브, 학폭 피해 고백하며 눈물… "복수심으로 살았다"", 〈머니투데이〉, 2023.1.26.

를 만들었기 때문에 너무 걱정하지 않았으면 좋겠고, 지금 하는 대로 누워서 계속 생각을 많이 하고 꿈을 많이 가졌으면 좋겠다. 네 잘못은 아니다, 라고 말해주고 싶어요."*

방송인 장성규 님도 학창 시절 왕따를 당할 때, 자신을 하찮게 여겼다고 해요. 자존감은 바닥을 쳤고요. 그야말로 희생자 콤플렉스에 시달리며, 자신을 가치 없는 인간이라고 생각했다고 합니다. 그러던 중 드디어 전환점이 찾아왔대요. 어느 날 친구들이 싸우고 있는 모습을 보고 용기를 내어 싸움을 말린 겁니다. 그 순간부터 그는 '아, 나는 누군가를 도와줄 수 있는 가치 있는 존재구나.' 하고 느꼈다고 합니다.†

* 「유퀴즈온더블럭」 출연 중 인터뷰 내용, tvN, 2023.1.25
† 장성규 지음, 『내 인생이다 임마』, 넥서스, 2019, p.22~29.

"자기 스스로를 어떤 인간이라고 단정 짓지 마세요."*라는 말이 있습니다. 길을 가다 보면 자칫 어딘가 걸려서 넘어질 수 있어요. 그런데 웬일인지 자꾸 넘어져서 무릎 여기저기에 상처가 생겼어요. 내 몸 전체가 피투성이가 된 것처럼 느낄 수도 있고, '난 왜 똑같은 실수를 자꾸 저지르지?' 하면서 속상해질 수도 있어요. 이럴 때 자기 비하는 금물입니다. 최우선으로 자신의 상처를 잘 돌봐줘야 해요.

나 혼자서 나의 상처를 돌보는 게 어려울 수도 있어요. 그럴 때는 선생님이나 친구들, 주변 어른들에게 적극적으로 도움을 요청†하세요. 장성규 님도 처음에는 다른 사람들이 걱정할까 봐 자신의 고충을 털어놓지 않고 오히려 더 밝게 지내려고 노력했다고 합니다.

여러분, 어려움을 겪고 있나요? 그러면 지금 당장 도움을 요청하세요. 일이 커진 다음에는 도움을 요청하기가 힘들어질지도 몰라요. 괴롭힘을 당하든, 스스로 실수를 많이 하든, 불편하고 어려운 상황이 계속되다 보면 모든 사람이 나를 이상하게

---

* 따돌림사회연구모임 지음, 『이 선생의 학교폭력 상담실』, 양철북, 2014, p.225.
† 「교육부 2022년 학교폭력 실태조사」에 따르며, 학교폭력을 당하고, 주위에 도움을 요청했다는 비율이 90%정도 되었어요. 30%정도는 별일이 아니라고 생각해서 신고하지 않았다고 했어요. 별일이 크게 될 수 있어요. 내가 불편한 일이 있다면, 먼저 대화를 시도해요. 그래도 수정이 되지 않는다면, 다른 사람들에게 도움을 요청해요.

생각한다고 느낄 수 있습니다. 하지만 이것은 착각이에요. 대부분은 그렇지 않답니다. 다른 사람들은 나의 상황을 내가 생각하는 것만큼 크게 여기지 않아요. 그러니 나를 도와줄 사람들을 미리 차단할 필요는 없겠지요.[*]

작은 일이어도 "가치 있는" 일을 시도해봐요. 누군가를 도와줘도 좋고, 다른 사람이 시도하지 못한 일들을 시도해봅니다. 내가 나 자신을 쓸모 있는 사람으로 아껴줄 때, 다른 사람들도 나를 소중하게 대해줄 수 있어요.

장성규 님이 남겨준 말을 소개할게요. "_____" 부분에 자신의 이름을 넣어서 읽어볼까요?(꼭 소리를 내서 세 번 이상 읽어주세요. 읽으면서 나를 더 아껴주세요.)

_____는(은) 사랑받기 위해 태어났는데,

_____(이)가 _____(이)를 사랑하지 않는다.

_____(이)에게조차 버려진 _____(이)를

누가 사랑할 수 있을까.[†]

[*] 따돌림사회연구모임 지음, 『이 선생의 학교폭력 상담실』, 양철북, 2014, p.221.

[†] 장성규 지음, 《내 인생이다, 인마》, 넥서스, 2014, p.28.

[속닥속닥 💬 두려움을 넘어서기]

내가 공격당하고 있을 때, 모든 사람이 적(enemy)으로 느껴질 수 있어요. 작은 개는 큰 개를 볼 때 으르렁거립니다. 두렵기 때문이지요. 반면 큰 개는 작은 개가 나타나도 짖지 않아요. 그런데 여러분, 두려움이 커질수록 적에 대한 이미지가 강해진다는 것, 알고 있나요? 두려움은 내 마음을 괴롭게 만들지요. 누군가 나를 공격할 때 내가 그것을 공격으로 느끼지 않는 방법을 "적 이미지 프로세스"*라고 합니다. 누군가와 함께할 수도 있겠지만, 혼잣말로 해보거나, 써보기를 해도 좋겠어요.

어려움을 겪고 있는 친구가 있다면, 아래에 있는 질문을 던져주고, 그 친구가 대답하면 그저 들어주세요. 단, 먼저 질문으로 도움을 줘도 괜찮을지 허락을 구하고요. 혼자만의 시간이 필요한 사람도 있을 수 있으니까요. 마음이 어려울 때는 사소한 일에서라도 존중받는 게 중요해요. 친구에게 묻고 들어주는 것만으로 친구에게 도움이 될 수 있어요.

같이할 사람이 없다고 절망할 필요 없어요. 나 혼자 해보기로 마음먹었다면 조용한 곳에 자리를 잡고 질문에 답해봅니다. 혼자서 하는 활동이기에 다른 사람들에게는 말하지 못할 이야기들을 쓸 수 있다는 장점이 있어요. 우선 내 마음을 관찰합니다. 구체적으로 어떤 일들이 있었는지 떠올려봐요. 누가 나쁘고, 무엇이 잘못되었는지 생각할 수 있어요. 이때 중요한 것은 생각나는 대로 떠올리는 것입니다.

* 아이크 라사터·존 키니언 지음, 한국NVC센터 옮김, 《삶을 중재하기》, NVC, 2020, pp.103~109.

어떤 생각이 떠오를 때 '이런 건 나쁜 생각이야.'라고 스스로 검열해서 차단하지 마세요. 떠오르는 장면을 있는 그대로 '그게 무엇인지' 살펴봐요. 그리고 바로 그 순간 '중요한 것이 무엇'인지 살펴봅니다. 그다음으로 내 몸과 마음이 어떤 상태인지 관찰합니다. 마지막으로 나에게 필요한 것이 무엇인지 찾아보세요.

희생자 콤플렉스에 빠지지 않기 위해서

멈춰달라고 말하기

"싫다"고 말하기

도움을 요청해요

나를 돌보기

	질문	답변	비고
관찰 하기	내가 어떤 일을 겪었나요? 무슨 일이 있었나요?	예시) 체육복이 사라졌다.	
	구체적으로 어떤 일이 있었나요?	예시) 친구들이 체육복을 빌려 가서 돌려주지 않았다.	
몸과 마음의 상태	지금 그 일을 떠올리면 어떤 상태인가요?	예시) 지난번에도 그랬는데, 또 그랬다는 생각 때문에 눈물이 난다.	잘 모르겠다 => 자신이 어떤 상태인지 살펴보고 싶지 않다는 표현일 수 있어요. 회피하고 있다는 것이지요.
	그때 내 몸과 마음이 어떤 상태였나요?	예시) 눈물이 나고, 몸이 부들부들 떨린다. 머리가 하얗게 된다. 손도 차가워진다. 화가 치밀어 오른다. 억울하고 속상하다. 막막해서 어떻게 해야 할지도 모르겠다.	그럴 때 몸의 상태가 어떤지, 사물로 치면 어떤 마음인지 살펴보면 어떤 것 같은지 찾아봐요. 예시) 내 몸과 마음이 물이라면 꽁꽁 얼어붙은 것 같다. 내 몸과 마음이 볼펜이라면 무엇을 써야 할지 몰라 막막한 상태인 것 같다.
내가 원하는 것 (욕구)	그 당시 내가 진심으로 원했던 것은 무엇인가요?	예시) 내 물건을 함부로 대하지 않았으면 좋겠고, 나를 존중해줬으면 좋겠다.	

	질문	답변	비고
방법 찾기	내가 원하는 것을 이루기 위해서 무엇을 선택하거나 부탁할 수 있을까요? (구체적으로)	예시) - 나를 존중해 달라고 한다. - 체육복을 빌려달라고 하면, "싫다"라고 강력하게 말한다.	
	누가 도와줄 수 있을까요?	예시) - 선생님께 도움을 요청한다. - 상담 선생님께 상담을 요청한다.	
실행 하기	나와 똑같은 상황을 겪고 있는 사람에게 하고 싶은 말은?	예시) 빌려준 사람 잘못이 아니라, 빌려 갔다가 돌려주지 않은 사람 잘못이다. 돌려달라고 말할 권리가 있고, 싫다고 말할 수 있다.	나와 비슷한 처지에 있는 사람에게 할 말은 곧 나 자신에게 하고 싶은 말이지요.

무심코 던진 돌에
개구리는 맞아 죽는다
내가 원하는 것은 무엇일까?

"혜교가 학교폭력으로 저를 신고했다는 말을 들었어요. 저도 모르게 욱해서 그랬던 것 같아요. 험한 말로 혜교를 괴롭히려는 의도는 전혀 없었는데…. 사실 잘 기억도 나지 않아요."

연진이는 혜교랑 친하다고 생각했어요. 혜교가 그 자리에서 "화가 난다."라고 하거나 "기분이 나쁘다."라고 직접 말하지 않아서 그렇게 생각했나 봐요. 그러면서 연진이는 "나한테 말도 없이 뒤에서 학교폭력 신고를 한 게 서운하다."라고 말했습니다.

일의 자초지종을 물어보았습니다. 연진이는 그림 그리는 걸 좋아한대요. 그래서 시간이 날 때마다 그림을 그리나 봅니다. 그런데 혜교가 어느 날 연진이 그림을 보고 "별로네."라고 했다는 거예요. 연진이는 욱한 마음에 혜교 부모님 흉을 봤대요. 만일 혜교가 그 자리에서 "나 기분이 나빠. 왜 우리 부모님 흉을 보니?"라고 바로 말했다면 연진이는 그 자리에서 사과했을 것 같다고 말했습니다. 그런데 나중에 학교폭력 신고가 들어온 것을 선생님께 전해 들었으니, 연진이도 서운했을 겁니다. 다른 사람들이 자신을 엄청 나쁜 학생으로 보는 것 같아서 막막했고요.

　드라마나 영화처럼 심각한 학교폭력도 있지만, 사소한 말다툼이 커져서 분쟁으로 치닫는 사건이 의외로 많습니다. "장난"에서 시작했을 뿐 악의적으로 괴롭힐 마음이 없었던 사례도 많고요.[*] 교육부에서 실시한「학교폭력실태」결과에 따르면, 언어폭력(42퍼센트)[†]을 당했다고 응답한 아이들이 가장 많았어요. 나는 그저 장난으로 던진 말인데 상대방에게는 상처가 되는 경우도 많습니다.

　나 혼자 즐거운 것은 장난이 아니지요. 한 사람이라도 불편하다면, 장난이 아니라 괴롭힘입니다. 나는 장난이라고 생각하지만, 상대방은 괴롭힘을 당한다고 느낄 수 있습니다.

　문제는 이런 경우 내가 누군가를 괴롭혔다는 사실을 인정하기 어렵다는 것입니다. "별거 아닌 장난도 못 받아주다니, 쟤가 이상한 거 아니야?" 하면서 도리어 상대에게 화살을 돌릴 수도 있어요. 내가 누군가를 괴롭힐 수 있는 사람이라는 것을 받아들이기 힘든 탓도 있고, 혹은 괜한 장난에 친한 친구를 잃게 되었다는 자괴감이 들어 마음이 괴로워 그럴 수도 있습니다.

---

[*]　김승혜, 김영미, 최희영 지음,《장난이 폭력이 되는 순간》, 담담사무소, 2021, pp.38~40.

[†]　교육부, 2022년 학교폭력 실태조사 결과, 2022.9.6.

관계가 틀어진 상태에서는 상대방을 이해하는 능력이 작동하지 않습니다. 공격을 받게 되면, 정상적인 통제 능력을 상실하게 되지요.[*] 어떤 경우든 본인이 수치심을 느끼게 되었을 때 우리가 자동으로 선택하는 생존전략이 하나 있습니다. 바로 잘못된 행동의 원인을 상대방한테서 찾아 그를 비난하는 것입니다.[†] 학교폭력을 연구하셨던 교사들은 다음과 같이 말합니다.

"비난은 관계를 파괴할 뿐 행동을 바꿀 수는 없다."[‡]

물론 다툼이 일어난 상황에서는 상대방을 이해하기 힘듭니다. 사실 이해하고 싶은 마음도 별로 생기지 않잖아요? 이런 상황에서는 상대가 피해자인 게 분명하긴 해도 나 자신 역시 피해자처럼 공격받는다고 느낄 수 있습니다.

셸리와 엘리는 둘도 없는 친구였어요. 그러던 어느 날 셸리는 엘리의 솔직한 성격을 공격적이라고 느끼기 시작했어요. 셸리는 엘리가 너무나 거침없이 표현하는 바람에 상처를 받기도 했습니다. 그러나 셸리는 솔직하게 말하면 더 서먹서먹해질 것 같아서 표현하지 않고 참았습니다. 한편으로 셸리는 엘리에겐 다른 친한 친구도 많으니 자칫하다가 도리어 자신이 버림을 받을까 두려웠어요. 용기가 나질 않으니 직접 이야기를 하지

---

[*] 도나 힉스 지음, 박현주 옮김, 《존엄》, 검둥소, 2013, pp.193~195.
[†] 도나 힉스 지음, 박현주 옮김, 《존엄》, 검둥소, 2013, pp.221~225.
[‡] 따돌림사회연구모임 지음, 《이 선생의 학교폭력 상담실》, 양철북, p.238.

못하고 다른 친구에게 자신이 민감하게 반응하는지 물었습니다. 그런데 지나가던 엘리가 그 이야기를 듣게 되었어요.

자초지종을 모르는 엘리는 자신의 뒷담화를 했다며 셀리에게 화를 내기 시작했습니다. 셀리는 엘리와 어떻게든지 잘 지내보기 위한 노력으로 다른 친구에게 고민을 털어놓은 건데, 엘리가 무작정 화를 내니 너무나 당황했습니다. 미안하다는 마음도 들었지만, 자신의 속마음을 몰라주는 엘리가 미워서 그동안 화났던 이야기를 퍼붓게 되었습니다.

엘리는 불편한 이야기라 해도 솔직하게 털어놓으면 얼마든지 들어줄 수 있었는데, 다른 친구에게 먼저 이야기하는 것을 보고 배신감을 느꼈습니다. 이렇게 두 사람은 서로 서운하고 속상한 진짜 마음을 이야기하지 못하고, 화만 내게 되었습니다. 결국 상대를 진심으로 이해할 수 없는 상황으로 치달았고, 갈등의 골은 깊어졌습니다.

어떡하죠? 갈등의 골을 줄일 수 있는 대화 방법이 있을까요? 네, 있습니다. 바로 **회복적 대화모임(Restorative Circles)**입니다. 회복적 대화모임에서는 상대방이 말한 내용을 잘 듣고, 반복해서 이야기를 해줍니다. 회복적 대화모임의 창시자인 도미닉 바터(Dominic Barter)는 "폭력은 독백(monologue)과 같다.*"라고 말했어요. 독백은 혼잣말을 하는 거잖아요? 다른 사람이 내 말을 듣든 듣지 않든 상관하지 않고 내 얘기만 하는

---

* Joshua Wachte, *Toward Peace and Justice in Brazil: Dominic Barter and Restorative Circles*, International Institute for Restorative Practice, 2009.3.20.

거죠. 가만히 살펴보면 갈등은 대개 표현하지 못해서 생기는 것이 아니라, 상대의 말을 잘 듣지 못해서 생깁니다. 즉 서로가 서로를 이해하지 못할 때 갈등이 발생합니다. 회복적 대화모임은 서로의 말을 들을 수 있고, 다른 사람의 말이 들릴 수 있는 대화 방법을 모색하여 이야기합니다.

연진이와 혜교는 저와 함께 회복적 대화모임을 했어요. 불편한 자신의 마음을 표현하고, 상대의 마음을 들어보기로 마음먹은 거예요. 저는 먼저 연진이와 혜교에게 본인의 마음이 어떤 상태인지를 물었어요.

둘 다 "굉장히 떨리고, 어렵고 괴로운 상태"라고 표현했어요. 혜교는 "나에게 부모님 욕을 한 것이 견딜 수 없었고, 상처가 되었어요."라고 털어놓았습니다. 연진이는 혜교가 말하는 것을 들은 대로, 반복해서 말하면서, 혜교가 정말 상처를 받았다는 것을 이해하게 되었습니다.

한편 연진이는 미술대회에서 입상하지 못해서 속상한 차였어요. 그런데 혜교가 그림을 못 그린다고 말하니 더 속상했대요. 그 말을 들은 다음부터는 그림 그리는 데 영 자신이 없더라는 거예요. 이 말을 듣고 혜교는 정말 놀랐습니다. 연진이만큼 그림을 잘 그리는 사람은 없다고 생각했기에 그런 말 한마디에 자극받을 거라고는 상상도 하지 못했다는 겁니다.

이렇게 두 사람은 대화를 통해 서로 오해했던 부분을 알게 되었지요. 연진이와 혜교는 속마음을 털어놓으면서 상대를 이해하게 되었고, 마침내 진심 어린 사과를 주고받게 되었습니다. 서로 화가 난 상태에서는 하나도 들리지 않았던 마음의 소리가 비로소 들린 겁니다.

갈등 해결을 가르치는 사회학자 도나 힉스(Donna Hicks)는 상대편의 말에 귀를 기울이다 보면 자신이 상대에게 어떤 영향을 미쳤는지 알 수 있게 된다고 했어요. 그러면서 객관적으로 상황을 이해하게 된다고 했는데요. 이런 방식으로 귀를 기울이는 것은 갈등을 찾아내어 해결하는 데 도움을 줍니다.[*] 실제로 우리는 갈등 상황에 놓일 때 흔히 마음의 문을 걸어 잠그고 자신의 고통에만 몰두하게 됩니다. 그러다 보면 나의 어려움만 확대되어 보이곤 하는데요. 상대의 이야기를 듣고, 상대방이 겪고 있는 고통에 대해서 들을 때, 우리는 "나만 힘든 게 아니었어."라는 깨달음을 얻게 됩니다. 이 작은 깨달음의 순

[*] 도나 힉스 지음, 박현주 옮김, 《존엄》, 검둥소, 2013, p.198.

간이 곧 이해와 용서와 화해의 길로 들어서게 해주는 거고요.

두려움은 갈등을 증폭시킵니다.* 내가 가해자로 지목되면 나는 '나쁜 아이'로 찍힐까 봐 두려워집니다. 내가 두려운 만큼 상대의 아픔은 보기 힘들어져요. 정작 내가 피해를 준 상대방은 학교에 오는 것이 두려울 정도로 괴로운 상황에 있는데도 말입니다.† 이렇게 두려움에 사로잡히다 보면 남들의 사소한 말 한마디나 눈길조차도 나를 비난하는 것으로 받아들이게 되지요.

갈등에서 벗어날 수 있는 방법은 이해와 공감밖에 없습니다. 다른 사람들이 나를 이해하지 못한다고 하더라도 내가 나를 먼저 이해해야 합니다. 그런 다음, 상대의 입장에서 사태를 돌이켜보세요. 흔히 말하는 '역지사지(易地思之)', 곧 서로의 처지를 바꾸어서 생각해보는 것이지요. 내가 소중한 만큼, 상대방도 소중한 존재이니까요.

---

* 왕건환, 김성환, 박재원, 이상우, 정유진 지음 『학교폭력으로부터 학교를 구하라』, 에듀니티, 2018, p72~86
† 김승혜, 김영미, 최희영 지음, 『장난이 폭력이 되는 순간』, 담담사무소, 2021, p127~134

갈등을 다루는 방법
회복적 대화모임

내가 소중한 만큼 친구도 소중합니다. 특히 청소년에게는 친구가 너무나도 중요한 존재예요. "친구를 만나러 학교에 간다."라고 하는 말이 있을 만큼요. 그러니 친구와의 관계가 틀어지기를 원하는 사람은 아무도 없을 겁니다.

우리는 알게 모르게 친구 관계를 잘 유지하기 위해서 노력합니다. 하기 싫은 일도 친구가 부탁하면 들어주잖아요. 행여 이해되지 않는 말을 해도 이해하려고 노력하고요. 하지만 친구와의 관계가 언제나 좋을 수만은 없습니다. 때로 오해나 불편함이 생기게 되는데요. 사람과 사람이 어울려 지내다 보면 갈등이 발생하기 마련입니다.

사실 갈등 자체는 문제가 아니에요. 갈등이 없는 웹툰이나 드라마, 영화가 없는 것처럼 갈등은 인생에서 피할 수 없는 요소인지도 모릅니다. 갈등이 있다는 것은 곧 사람마다 성격이나 의견, 주장하는 바, 혹은 자라온 환경, 건강 상태, 가치관 등이 다르다는 것을 의미하니까요. 그러니 갈등이 없는 삶이란 있을 수 없습니다.

갈등을 어떻게 마주하느냐에 따라서 결과가 달라집니다. 문제는 갈등이라는 얽힌 실타래를 어떻게 풀 수 있을까, 하는

3장

점입니다. 네, 그렇죠. 얽힌 실타래는 한 올 한 올 차분하게 풀어나가는 것이 핵심입니다. 한 올 한 올 풀어나가는 게 귀찮다고 해서 가위로 싹둑 자르거나 통째 버린다면 애초 하려던 목적을 이루지 못하잖아요?

갈등을 다루는 것도 이와 비슷합니다. 마주하고 싶지 않다고 피한다면, 갈등은 사라지는 게 아니라 더 커지게 됩니다. 그렇다면 우리는 갈등을 어떻게 다루어야 할까요?

갈등이 일어나면 무엇보다 피해 회복에 힘써야 합니다. 제가 공부하면서 만났던 로버트 호마(Robert Homa) 교수님의 질문을 나누고 싶어요. 그분은 한나 아렌트(Johanna Arendt)라는 유명한 학자의 제자이기도 합니다.

"사회가 발전할수록 감옥을 많이 짓게 되지요. 그렇게 하면 사회에 해악을 끼치는 나쁜 사람들이 다 사라질 거라고 생각하는 겁니다. 그러면 우리가 사는 세상을 살펴볼까요? 감옥이 가장 많은 나라인 미국은 범죄율이 높은 편에 속해요. 경제가 발전할수록, 다른 사람에게 피해를 입힌 사람을 잡을 수 있는 경찰을 더 많이 고용할 수 있습니다. 그들을 수용할 수 있는 감옥도 더 많이 지을 수 있고요. 그런데 이 방법으로는 세상이 달라질 수 없습니다. 어떻게 하면 모두가 편안한 세상이 될 수 있을까요?"

제가 고민한 끝에 찾은 답은 회복적 정의입니다. "회복적 정의"는 갈등이 발생했을 때, "피해 회복"에 목적을 두고 갈등에 다가가는 것이지요. 이는 곧 사건에 연루된 당사자들이 "자신의 행위에 책임질 수 있도록 해야 하는 것"을 말합니다.*

평화활동가로 일하는 저는 학교폭력이 일어나서 고통을 겪고 있는 사람들을 많이 만났습니다. 많은 경우 나를 괴롭힌 사람이 강력한 처벌을 받고 나처럼 힘들었으면 좋겠다고 말합니다. 그 말을 조금 더 깊이 새겨들어보니, '내가 힘든 만큼 상대도 힘들게 지냈으면 좋겠다.'라는 뜻이 포함되어 있더군요. 하지만 이 말은 곧 '그만큼 내가 힘들었다는 것을 알아주었으면 좋겠다.'라는 마음의 다른 표현이기도 합니다. 물론 많은 경우, 처벌을 받으면 '나는 벌을 받았으니 이제 다 끝났다.'라는 입장을 취합니다. 상대에 대한 죄책감을 가지기보다 처벌받은 것으로 다 되었다, 라고 여기고픈 것이지요.

회복적 정의는 처벌을 받지 않게 하는 것이 아닙니다. 회복적 정의는 잘못을 일으켰다면, 그 잘못을 일으킨 사람이 상대방의 피해 회복을 위해 노력할 수 있는 방법을 찾는 것입니다.

회복적 정의를 몸소 실천했던 어느 고등학교 학생들이 떠오릅니다. 교실에서 돈이 계속 없어졌습니다. 자기 반에서 계속 돈이 사라지니 서로를 신뢰하지 않게 되었습니다. 화장실, 급식실, 특별실 등 교실 밖을 나갈 때는 가방을 메고 다니는 학생들이 많아졌습니다. 심지어 서로 의심하면서, 누가 훔쳤을지 추측하며 오해가 쌓이는 동안 사이가 멀어진 친구들도 있었습니다.

* 하워드 제어 지음, 손진 옮김, 《회복적 정의란 무엇인가》, KAP, 2010.

그 반 친구들은 선생님들과 피해 회복을 위한 대화를 시작했습니다. 대화 중에 범인을 찾게 되었습니다. 돈을 가져간 사람은 시설에 살고 있는 몸이 불편한 친구였습니다. 그는 고등학교 졸업 후 자립해야 하고 그러려면 돈이 필요하다는 말을 어디선가 듣고는 반 아이들의 돈을 훔쳤던 것입니다. 교실에 정적이 흘렀습니다. 친구들은 화도 났지만, 그 친구의 사정을 듣고, 그 친구가 자신들의 돈을 갚을 수 있는 방법을 고민했습니다. 고민 끝에, 돈을 훔쳐 간 친구가 인형을 만들어서 팔 수 있도록 창업하기로 의견을 모았습니다. 그 인형이란 바로 대화 모임에서 사용할 수 있는 대화 도구였어요.

그 반 친구들은 돈을 잃어버렸으니, 훔친 친구를 처벌하고, 탓할 수 있었을 것입니다. 하지만 자신들에게 일어난 피해

회복을 어떻게 극복할 수 있을지 함께 고민하며 새로운 방법을 찾게 되었습니다. 그들은 갈등을 다루는 방법을 배웠을 뿐 아니라, 고등학교 시절의 창업 가능성에 대해서도 배우게 되었습니다. 회복적 정의는 이처럼 '갈등으로 인해 생긴 피해를 어떻게 함께 회복할 수 있는지 고민하는 방법'입니다.

그렇다면, 어떻게 피해 회복을 할 수 있는지, 무엇을 회복할 수 있는지 살펴볼까요?

연예인, 운동선수, 유명인들이 학폭에 연루되었다는 기사가 몇 년 전부터 나오기 시작했습니다. 피해자들은 학창 시절에 일어났던 일 때문에 성인이 되어서까지 트라우마에 시달린다고 말했어요. 학창 시절에 가해자로부터 진심 어린 사과를 받지 못했고, 그들이 반성하는 모습도 보지 못했기에 성인이 된 뒤에도 여전히 "내가 그때 무슨 잘못을 한 걸까?" "아이들한테 그런 모습을 보인 게 너무 부끄러워."라고 생각하면서 트라

우마를 안고 살았다고 고백합니다.* 무엇이 어떻게 잘못된 것일까요, 피해자의 상처는 어떻게 보듬을 수 있을까요?

친구와 다투었을 때 가장 먼저 해야 할 일은 문제의 원인을 찾는 것입니다. '누가 (갈등 상황을) 일으켰는지', '어떻게 (갈등 상황이) 발생했는지' 등 원인을 먼저 찾아 확인해야 합니다.

그다음, 원인을 제거하거나 해결하려고 노력해야 해요. 하지만 '누가 잘못했다.'라는 식으로 "옳고 그름"만 따져서 접근하면, 갈등은 도리어 더 크고 깊어질 따름입니다. 그러니 잘잘못을 따지기 전에 모두가 어떤 "피해"를 입었는지 확인하고, 어떻게 "피해"를 극복하여 회복시킬 수 있을지 고민해야 합니다. 예전 상태를 찾아 회복할 수도 있고, 전보다 더 성장하는 계기를 갖게 될 수도 있습니다.

학교폭력으로 해결되지 못한 일들은 법원이나 경찰서로 넘어가는데요. 사건들을 가만히 살펴보니 공통점이 있었습니다. 바로 대부분 상대에게서 "진심 어린 사과를 받지 못했다."라는 점입니다. '진심 어린 사과'를 듣지 못해서 경찰서나 법원까지 오게 되는 것이지요.

서로 오해가 발생했을 때 대화가 잘 이루어져 오해를 풀 수 있었다면, 굳이 법원이나 경찰서까지 오지는 않았을 겁니

---

* 고병찬, "피해자 고통에는 시효가 없다… 사적 보복으로 몰리는 학폭 미투", 〈한겨레〉, 2023.4.23.

다. 그렇다면, '진심 어린 사과'는 대체 어떻게 할 수 있는 걸까요?*

    A: "미안해"

    B: "너에게 함부로 생각 없이 대했던 것, 미안해. 앞으로는 너를 함부로 대하지 않을게. 너에게 그러는 사람이 있다면, 내가 그렇게 하지 못하도록 할게."

    A와 B의 말에는 어떤 차이가 있나요? 단순히 말이 길거나 짧다는 문제일까요, 아니면 두 사람의 마음의 문제일까요? 사실 '진심 어린'이라는 말은 너무나 주관적이기 때문에 명확한

---

*   김승혜, 김영미, 최희영. 지음, 『장난이 폭력이 되는 순간』, 담담사무소, 2021, p240~248 참조

기준이 없습니다. 나는 진심으로 사과했지만 상대방이 '진심이 아니'라고 받아들일 수도 있고, 속으로는 귀찮아하면서 겉으로만 '진심인 척'할 수도 있잖아요. 참 어려운 문제입니다.

여러분, 사과는 용기를 내어 상대에게 다가가는 행위만을 말하지 않습니다. 사과는 상대에게 내 미안한 마음을 전달하는 것이 핵심입니다. 내가 미안하지도 않은데 남들 성화 때문에 사과한다면 상대가 진심이 아닌 것을 쉽게 알게 됩니다. 앞에서 말했던 것처럼 사과의 핵심 키워드는 "진심"이니까요.

위에서 A의 말보다 B의 말이 더 진정성 있게 느껴지는 이유는 B가 자신의 잘못을 먼저 인정하고 나서 진심을 전달했기 때문입니다. 이럴 때 상대방은 말하는 사람의 속마음을 느낄 수 있어요.

내 진심을 잘 전달하는 사과의 방법을 살펴볼게요.

첫째, 사과하기 전에 친구의 입장을 충분히 고려해요. 친구가 나에게 어떤 마음일지 상대방의 입장이 되어서 이야기를 해봐요. 이때 막연히 생각하지 말고 구체적인 언어로 말해보세요. 그러면 친구의 마음을 더 깊이 이해할 수 있을 거예요.

단, 조건이 있어요. 자신의 마음을 충분히 살펴본 다음, 이 방법을 시도해야 합니다. 내 마음을 먼저 살펴보지 않고서는 상대의 마음을 알 수 없거든요. 그 친구의 마음이 이해되지 않는 상황이라면, 아직 사과할 단계가 아닙니다. 그럴 때는 자기 자신의 마음을 속속들이 이해하도록 노력하세요. 예를 들면 다음과 같이 말해볼 수 있겠지요?

단계	속닥속닥	예시
1단계: 자신의 마음 살피기	"나는 지금 어떤 마음인가요? 무엇이 중요했나요?"에 대한 질문을 생각해요. 친구에게 말할 필요 없어요. 자기 스스로 혼잣말을 하며, 자신의 마음을 살펴봐요.	왜 이렇게 나댄다고 말했지. SNS에 네가 많이 올리는 게 부러워. 다른 친구들이 너에게 관심을 보이는 것도 부러워. 그러다 보니 악성댓글과 사진을 합성하기 시작했어.
2단계: 친구의 입장을 헤아리며 말하기	그 친구가 똑같은 일을 겪었다면, 어떤 마음이었을까요? 그 마음을 살펴보도록 해요.	내가 이상한 사진들이랑 합성해서 당황스러웠겠지. 싫었을 것 같아. SNS에 뭔가를 올릴 때, 이상한 합성이 될까 봐 두려웠을 것 같아.

둘째, **사과할 시간과 장소를 고려해요.** 즉시 사과를 해야 할 때와 여러 가지 상황을 고려한 뒤 사과해야 할 때가 있어요. 사과를 들을 사람이 내 말을 들어줄 상태라면, 바로 사과할 수 있어요. 친구가 불편함이나 어려움을 그 자리에서 표현한다면, 여러분도 그 즉시 사과해야 합니다.

준영이는 장난이었는데, 친구가 학교폭력으로 신고했다면서 속상해했습니다. 준영이는 친구에게 미안하다는 생각이 들어서 마음을 전하려고 찾아갔대요. 그런데 상대방은 준영이의 말을 듣지 않았어요. 사과하러 갔던 준영이도 친구의 모습에 마음이 상했고요. 두 사람 다 너무 성급하게 사과하고, 또 성급하게 사과를 거절한 것 같죠? 이처럼 사과를 할 때는 언제하느냐가 중요합니다.

　준영이는 자기 마음을 빨리 전하고 싶었을 겁니다. 친구는 아직 마음의 정리가 안 되어서 사과받을 상황이 아닌데 말이에요. 내가 진심으로 반성하고 있어서 사과하고 싶을 수 있지요. 하지만, 상대방은 처벌을 덜 받기 위해 왔다고 오해할 수 있어요. 친구가 내 사과를 들을 준비가 되었다고 할 때, 사과의 마음을 전하는 게 좋습니다.

　준영이는 친구가 사과를 받아주지 않아서 속상했지요. 사과하러 갔던 마음을 몰라줬으니까요. 준영이는 친구와 계속 불편하게 지내고 싶지 않아서 담임 선생님께 상의했고, 담임 선생님이 저를 불러주셔서 우리는 대화를 시작하게 되었습니다.

　상대 친구는 준영이를 보는 것만으로도 그때 그 사건이 떠올라서 불편하다고 했습니다. 그런 상황인데 준영이가 집까지 찾아왔으니 이게 무슨 일인가 하면서 더 무서웠을 겁니다. 한마디로, 친구는 준영이의 사과를 들어줄 상황이 아니었던 거예요. 대화를 통해 준영이는 친구가 자신의 사과를 들어줄 상황이 아니라는 것을 이해하게 되었습니다.

　준영이는 "장난쳤던 건데 위협으로 느끼게 해서 정말 미안해. 너를 힘들게 할 생각은 아니었어."라고 말하면서 진심으로 사과했습니다. 그러자 친구도 거듭 사과해주어서 고맙다고 대답했습니다. 이처럼 사과할 때는 상대방이 받아줄 마음의 준비가 되었는지 살펴야 합니다. 스스로 하기가 어렵다면 주변 분들에게 도움을 요청해보세요.

셋째, 내가 잘못한 것이 무엇인지 명확하게 인정합니다. 이는 내가 했던 행동에 책임을 지라는 뜻입니다. "미안하다"는 말을 꺼내기까지 여러분은 분명 수많은 생각과 고민을 했을 겁니다. 그렇지만 내가 명확하게 무엇을 잘못했는지 표현하지 않는 이상 상대는 알 수가 없어요. 더구나 사이가 좋지 않을 때는 "미안하다"라고 하는 말 한마디가 그저 어려운 상황을 벗어나기 위한 수단으로 들릴지도 모릅니다.

피카츄는 자신도 모르게 꼬부기에게 짜증을 냈어요. 그러고는 아차 싶어서 "미안해!"라고 사과했습니다. 다른 때처럼 꼬부기가 이해할 줄 알았지요. 하지만 꼬부기가 "너는 왜 매번 미안하다는 말뿐이니?"라고 소리쳤어요. 피카츄는 깜짝 놀랐습니다. 실제로 꼬부기는 매번 미안하다고 말만 하는 피카츄가 미웠어요. 꼬부기는 자신이 화풀이 대상도 아닌데 늘 짜증을 받아주느라 화가 난 겁니다. 무시당하는 기분도 들었을 것 같아요. 이 일로 꼬부기와 피카츄의 관계는 어색해졌습니다.

피카츄는 '꼬부기는 친한 친구니까 내가 뭘 해도 다 이해해줄 거야.'라고 생각했대요. 하지만 꼬부기는 서운한 마음이 들었어요. 친하다는 것이 막 대해도 된다는 뜻은 아니잖아요? 결국 둘은 어색한 사이가 되었어요. 둘 다 어떻게 해야 좋을지 몰랐지만, 분명한 것은 '이대로 불편하게 지내는 건 싫다.'라는 점이었습니다. 피카츄는 또 싸우게 될까 봐 두려웠지만, 용기를 내서 꼬부기에게 다가갔어요.

"나도 모르게 너에게 짜증을 내서 진심으로 미안해. 되돌아보니, 내 감정을 어떻게 처리해야 할지 몰랐던 거 같아. 내가 짜증을 내더라도 너는 내 마음을 이해하지 않을까, 하는 기대도 있었어."

꼬부기는 피카츄가 진심으로 자기 잘못을 인정하고 사과하니 고마웠어요. 이제 꼬부기와 피카츄는 불편했던 마음을 다 표현하면서 더 친한 친구로 발전하게 되었어요. 아무리 친한 사이라도 마음을 구체적으로 표현하지 않으면 진심을 알 수 없다는 사실도 알게 되었고요.

넷째, 친구의 상처 입은 마음을 돌볼 수 있는 말과 행동을 합니다. 친구에게 사과한 다음에는 도울 수 있는 게 있는지, 그것이 무엇일지 물어보세요. 내가 심각하게 괴롭혀서 친구가 두려움에 떨고 있다면, 앞으로는 절대로 그러지 않겠다고 약속해야 합니다.

꼬부기와 피카츄 이야기로 돌아가볼게요. 둘은 오해를 풀고 나니 기분이 좋았습니다. 앞으로는 자신의 마음이 어떤지 더 명확하게 서로 표현하자고 약속했습니다. 행여 오해가 생기면 얼굴을 붉히지 말고 대화를 시도하기로 했고요.

여러분도 이런 경험을 한 적 있지요? 서먹하던 친구와 오해가 풀리면 기분이 완전히 좋아져서 모든 게 다 괜찮다고 느껴지잖아요. 그때 그냥 "좋다"고만 느끼지 말고 서로가 할 수 있는 사소한 약속이라도 해보아야 합니다. 피카츄와 꼬부기처럼요. 실제로 피카츄는 언젠간 자신도 모르게 또 짜증을 낼 수도 있습니다. 둘이 약속하지 않았다면 그런 피카츄의 모습에 꼬부기도 "얘는 맨날 나에게 짜증만 내는구나." 하면서 다시 화를 내겠지요. 하지만 둘은 종이에 약속한 내용을 썼습니다. "무슨 오해가 생기면 각자 마음이 어떤지 솔직하게 이야기하자."라고 말이에요.

사과는 말뿐만 아니라 구체적인 행동으로 이어져야 합니다. 그러니, 자신이 상대에게 기꺼이 해줄 수 있는 것을 약속하고 실천해요. 거창하지 않아도 괜찮아요.

용기 내어 사과를 하는 것도, 사과를 받는 것도, 절대 쉬운 일이 아닙니다. 〈고딩엄빠〉에 출연했던 김민정 님은 학창 시절에 학교폭력을 겪었어요. 그때 상대방이 일방적으로 사과의 메시지를 보냈다고 합니다. 그는 "알았어."라고 간단히 대답했다고 해요. 하지만 그 말이 진정으로 사과를 수용했다거나, 네가 나에게 입힌 상처가 치유되었다는 뜻은 아니었다고 합니다.* 그냥 말뿐인 사과였고, 그 사과를 받기를 강요받았을 뿐이지요.

누군가에게는 사소한 말과 행동일지 몰라도, 누군가에게는 평생 씻을 수 없는 상처가 되기도 합니다. 단 한 번의 사과로 상처가 사라지지 않을 수도 있어요. 사과는 하는 것도 중요하지만, 받아주는 사람이 어떤 상태인지에 따라서 그 결과가 달라지니까요. 용기를 내어 사과했는데 받아주지 않는다면, 속상할 수도 있어요. 그렇지만 상대는 사과를 수용하기 어려운

* 백승훈, "'고딩엄빠3' 김민정…"학폭 가해자, 일방적 DM 사과"", imbc, 2023.5.18

상황이거나 준비되지 않아서 힘들 수도 있습니다. 따라서 상대가 어떤 사정으로 사과를 받아들이지 못하는 것인지 헤아리는 연습도 중요합니다.

내가 내 마음을 정확하게 표현하지 못하면 답답합니다. 상대방을 막상 마주하게 되어도 무슨 말부터 꺼내야 할지 막막하고요. 그럴 때를 대비해 빈 의자에 내 마음을 표현하는 연습을 해두면 어떨까요?

엘리스는 친구가 도저히 이해되지 않았어요. 자신의 사과를 받아주지 않아서 속상하기만 했어요. 빈 의자를 세워놓고 왜 내 마음을 몰라주는지 원망을 표현했어요. 용기를 내서 미안하다고 말했는데, 그 말로는 부족하다니 정말 속상합니다. 그런데 상대의 입장에서 들어보니, 상처가 너무 깊어서 "미안하다"라는 한마디 말로는 용서가 어려웠겠다는 생각이 들었습니다.

이번에는 엘리스가 친구의 입장이 되어서 마음을 표현해봤어요. "네 마음 다 알고 있다."라는 엘리스의 말이나 위로는 더 깊은 상처를 낼 뿐입니다.

차라리 "내가 도와줄 수 있는 것이 있다면 언제든 말해줘."라는 말이 더 좋겠다는 생각이 들었어요. 엘리스는 친구에게 미안한 마음이 생겨서 다가가고 싶었거든요. 섣부르게 위로했던 게 후회가 되었지요.

빈 의자에서 이야기하다 보니, 엘리스는 자신의 속마음을 표현하게 되어 마음이 시원했어요. 친구의 마음도 알게 되니 미안한 생각이 더 많아졌고요. 그래서 다시 한번 진심으로 친구에게 다가가야겠다고 결심하게 되었습니다.

다음과 같이 시도해볼 수 있어요.

◎ 내 마음을 알아차리고 표현하기

  1. 내가 앉을 의자와 빈 의자를 준비해요.
  2. 상대방에게 내가 하고 싶은 말을 먼저 해봐요.
  3. 상대방 의자로 옮겨 앉아요. 내가 상대에게 듣고 싶은 말은 무엇인지 표현해요.
  4. 내 의자로 돌아가요. 더 할 말이 있다면, 표현해요.

◎ 상대방의 마음 알아차리고 표현하기

  1. 상대방의 의자 앉아서, 나에게 할 말을 해봐요.
  2. 내 의자로 옮겨 앉아요. 상대방의 말을 들은 소감을 말해요.
  3. 상대방의 의자로 돌아가요. 더 할 말이 있다면, 표현해요.

(위 연습은 친구뿐만 아니라, 상대방의 부모님, 선생님 등 이해되지 않는 사람이 있다면, 활용할 수 있어요. 나와 생각이나 행동이 달라서 이해하기 어려운 사람들을 떠올리면서도 시도할 수 있습니다.)

진심을 전달하는 사과하는 방법

적절한 시기

친구의 입장을 헤아리기

1. 즉시
2. 상대방이 들어줄 수 있을 때

잘못을 인정하기

(서로 부탁) 약속하기

용서하지 않을 권리

용서는 나를 위한 선택

저는 평화활동가입니다. 조정위원이나 화해위원이라는 이름으로도 불려요. 주로 갈등을 겪고 있는 사람들을 만나서 대화를 통해 해결합니다. 그때 제가 사람들에게 흔히 듣는 말이 있어요. 다음과 같은 이야기들인데요, A 상황과 B 상황은 언제일까요?

A	B
◎ "용서를 꼭 해야 하나요? 용서하고 싶지 않아요." ◎ "절대 만나고 싶지 않아요."	◎ "그래도 만나서 대화를 하고 나니 속이 시원해졌어요." ◎ "표현할 수 있는 말을 표현하고 듣게 되어서 편안해졌어요."

A와 B의 이야기는 "지금 나는 어떤 상태인가요?"라는 질문에 대한 답이었습니다. A와 B의 차이점이 보이나요? B는 대화하고 난 후 서로의 진심을 이해하게 된 것 같습니다. 그러나 모든 상황이 B처럼 되지는 않아요. 또 누군가가 나에게 사과한다고 해서 반드시 용서해야 하는 것도 아닙니다. 상대를 위해

서 용서할 필요는 없으니까요.* 그런데 '화해'라는 압박을 받게 되면, 제대로 된 사과도 할 수 없고, 용서도 할 수 없습니다. 더구나 용서는 선택의 문제이지, 필수는 아니거든요.

과거의 감정에 사로잡히면 용서하기가 어려워집니다. 따라서 '용서'나 '화해'에 목적을 둔다면 이 단어들의 무게 때문에 내가 더 괴로워질 수 있어요. 무슨 뜻이냐고요?

만약 학교폭력과 같은 갈등 상황이 벌어졌을 때, 내가 피해를 입었다면 온 신경이 나를 괴롭힌 상대방에게 쏠리게 됩니다. 나의 현재 상황이 고통스럽기 때문이지요. 언어, 신체, 사이버 폭력 등 종류가 그 무엇이든 나를 괴롭혔던 존재에 화가 나겠지요. 자신감이 사라지거나 자괴감 때문에 위축될 수도 있습니다. 폭력의 피해자인데도 도리어 나 자신을 탓하며 초라하게 느낄 수도 있고요.

반대의 경우, 내가 누군가를 괴롭혔다면, 다른 사람들이 나를 나쁜 사람으로 보는 게 괴롭겠지요. 나쁜 악당 같은 존재는 아닌데 다들 그렇게 보니 괴로울 수밖에 없습니다. 그런데도 주위에서는 자꾸 서로 사과하고 용서하라고 합니다. 갈등을 겪고 있는 사람들에게는 '사과'니 '용서'와 같은 단어가 너무나 어려운 과제입니다.

용서는 "과거의 일을 떠나보내는 것"입니다. 이때 비로소 괴로웠던 나 자신이 자유로워질 수 있습니다. 그러나 용서가 일어나기 전에는 자기가 저지른 실수나 행동을 비난하게 됩니

* 김태경 지음,《용서하지 않을 권리》, 웨일북, 2022, p.96.

다. 이것은 폭력을 당한 사람도 폭력을 행한 사람도 마찬가지예요. 스스로 자책하면서 죄책감에 빠지게 될 수 있지요.

그런데 우리가 명심할 것이 하나 있습니다. 용서의 대상은 다른 사람이 아닌 자기 자신이라는 점입니다. 이를 자기용서라고 해요. 자기용서는 자신의 행동이나 말(잘못)을 제대로 마주하는 것부터 시작됩니다.* 참 어려운 일이지요?

용서는 상대방을 위해서 하는 것이 아닌, 나를 위한 선택입니다. 과거에 사로잡혀서 미래로 나아가지 못하고 있나요? 용서는 새로운 미래를 구상할 수 있게 해줍니다.† 물론 용서는 어렵고 힘든 일입니다. 미운 마음, 서럽고 억울한 마음을 잘 추스르고 돌이켜 세워야 하니까요.

내가 내 마음 하나 바꾸기도 이렇게 어려운데, 설령 내가 누군가를 용서했다고 해도 그가 바뀌리라는 보장은 없습니다. 그러니 마음이 더 힘든 거예요. 누군가가 나를 변화시킬 수도 없고, 내가 남을 변화시킬 수도 없습니다. 지구상에서 내가 변화시킬 수 있는 사람이 있다면, 바로 나 자신뿐입니다.

김주환 교수님은 사람에게 과연 변화가 일어날 수 있을지 연구했습니다. 결론부터 말하면, "사람은 분명 스스로 자기 자신을 변화시킬 수 있는 존재"라고 합니다. 물론 나 자신의 가능성에 제한을 두게 되면 변화는 영원히 일어나지 않습니다. 그

---

* 김주환 지음, 《내면소통》, 인플루엔셜, 2023, pp.586~592.
† 강남순 지음, 《용서에 대하여》, 동녘, 2017, pp.159~166.

러나 나 자신이 진심으로 생각하는 어떤 것을 구체적으로 반복해서 표현하는 연습을 하면, 그에 부합하게 살 수 있다고 합니다. 이를 자기 가치 확인(self-affirmation)이라고 해요. 자신의 가치를 충분히 알고 이를 표현할수록 행동이 바뀌게 되는 것입니다.*

싸움꾼으로 소문난 성훈이가 있었습니다. 누구도 성훈이를 이길 수 없을 만큼 싸움을 잘하는 아이였는데요. 어느 날 상상도 하지 못했던 일이 벌어졌습니다. 그동안 성훈이에게 맞았던 친구들이 모여서 성훈이를 때리는 일이 발생한 거예요. 싸움만큼은 자신 있었던 성훈이는 본인이 맞았다는 사실이 너무 괴로웠습니다. 믿었던 친구들도 구경만 할 뿐 앞에 나서 말리지 않았고요. 그때의 배신감이란 이루 말할 수 없었습니다. 어떤 아이들은 "예전에 친구들을 그렇게 때렸으니 맞을 법도 하다."라고 말했습니다.

성훈이는 몸도 아팠지만, 자존심이 상했어요. 자기 스스로 "나는 가치 있고 소중한 사람이다."라고 말했지만, 실제로 그렇게 느끼는 건 쉽지 않았어요. 마음의 소리가 '정말이야? 네가 진짜 가치 있는 사람이야?'라고 묻는 것 같았습니다.

성훈이는 종이에 자신이 가치 있는 사람인 이유를 적어보려고 했지만, 딱히 떠오르는 게 없었어요. 그만큼 마음에 큰 상처를 입었다는 뜻이겠지요. 하지만 번뜩 생각나는 게 없더라도

---

* 김주환 지음, 《내면소통》, 인플루엔셜, 2023, pp.155~182.

포기하지 않고 "나는 어떤 점에서 가치 있는 존재인가?"라고 꾸준히 질문하면서 답을 적어보기 시작했습니다.

어느 날, 성훈이가 자신이 가치 있는 존재인 이유를 적은 종이를 당당하게 내밀었습니다. 내용은 다음과 같아요.

- 나는 언제나 내 편에서 응원해주는 가족이 있는 사람이다.
- 나는 창피했지만, 학교에 다시 왔다.
- 나는 나를 소중하게 생각한다.
- 나를 응원해주는 ○○○ 친구도 있다.
- 나는 아무리 힘들어도 오뚝이처럼 일어날 수 있다.
- 나는 내 꿈이 있다.
- 나는 누군가를 도와줄 수 있는 멋진 사람이다.

이렇게 '내가 가치 있는 사람인 이유'를 하나둘 적어보면서 성훈이는 조금씩 스스로를 이해하게 되었고 나아가 용서하게 되었습니다. 그 후, 성훈이는 자신이 그동안 친구들을 괴롭혔다는 게 너무 미안해졌어요. 그래서 가치 있는 존재로서 먼저 미안함을 표현했고, 친구들도 그 말을 듣고 각자 자신들이 보였던 태도나 행동에서 어떤 점이 옳지 않았는지 이야기하면서 자신들의 미안함을 이야기했습니다.

실수는 누구나 할 수 있어요. 성훈이가 복수심에 불타 계속 싸웠다면 어떻게 되었을까요? 빌런 영화의 주인공처럼 악한 능력을 나날이 개발하여 다른 사람들을 더 괴롭히는 사람이 되었겠지요. 그런데 성훈이는 선택의 갈림길에서 자기 자신을 돌아보았습니다. 그러고는 자신의 가치를 찾아보았고, 본인을 가치 있는 사람으로 만들었어요. 아이들을 괴롭히기보다는 싸움을 멀리하고, 싸움을 말리기까지 했습니다.

사람들은 선행보다는 악행에 더 열광하나 봅니다. 신문에 나오는 기사의 절반 이상도 악질 범죄를 다루는 거잖아요? 학교폭력도 0.01퍼센트 정도는 심각한 경우입니다. 물론 이 수치가 모든 학교폭력을 대변하는 것은 아니지만, 실제로 우리가 상상할 수 없는 일들도 벌어지곤 합니다. 그러나 학교폭력을 겪으며 힘든 시기를 보낸 뒤에 자기 자신을 위해 용기 내는 사람들도 있습니다. 이 일은 오직 본인만 선택할 수 있지요.

늘 반복되는 일상에서 내가 변화한다는 건 실제로 쉽지 않습니다. 그런데 우리 몸과 마음은 끊임없이 변화하고 성장합니다. 특히 손톱이나 머리카락을 생각해보세요. 매일 얼마큼씩 자란다고 눈으로 정확하게 알 수는 없지만 어느 날 보면 쑥 자라 있잖아요? 피부 세포도 그래요. 피부 세포는 2~4주 간격으로 기존 세포들이 죽고, 새로운 세포들이 나와 대체된다고 합니다. 단지 우리가 확연하게 느낄 수 없을 뿐입니다. 그런데 이렇게 변화하는 것은 나의 신체만이 아닙니다.

우리의 내면도 늘 변화하는 중입니다. 그 변화를 어떤 방향으로 끌고 가느냐에 따라 나의 하루가, 나아가서는 나의 미래가 달라질 수 있습니다. 여러분, 그러니 자신의 가치를 충분히 이해하고 자기 마음을 잘 돌보아주셔요. 그래야만 여러분이 타고난 모습대로 성장할 수 있습니다.

[속닥속닥 💬 힘이 되는 한마디의 말]

어려운 일을 겪고 있을 때, 한마디의 말이 힘이 되기도 하고, 어려움을 증폭시키기도 합니다. 어려움을 겪고 있는 사람이 주변에 있을 때, 어떻게 도와야 할지 막막하다고요?

도움이 될 수 있는 말과 행동을 소개합니다. 친구를 돕고 싶을 때, 상황에 따라서 바꿔서 사용해도 좋겠어요.

	도움이 되는 말과 행동	예시
기억하기	어떤 말과 행동도 도움이 안 될 수 있어요. 내가 너무 힘겨울 때는 도움이 안 된다고 말을 할 수 없어요. 도움이 되고 싶은데, 어떤 도움을 주면 좋을지 먼저 물어주세요.	"네가 힘든 것 같아서 걱정돼. 내가 도움이 되고 싶어. 어떤 도움을 주면 좋을까? 지금 당장 떠오르지 않는다면, 언제든 말해주면 좋겠어. 나는 언제나 너를 돕고 싶어."

도움이 되는 말과 행동		예시
들어주기	똑같은 말을 계속 반복할 수도 있어요. 마음이 어려운 상황을 계속 설명하고, 이해받고 싶다는 것이지요. 충고, 조언, 비판은 도움이 안 되지요. 무슨 말을 해주는 것보다 들어주는 것이 더 효과가 있어요. 친구에게 대답을 하기보다 다음의 질문을 해줘요.	"무슨 일이 있었어? 나는 들어주고 싶어. 그런데 말하고 싶지 않으면 안 해도 괜찮아. 너가 말하고 싶을 때는 언제든 말해줘. 대신 나는 듣기만 할 거야. 나와 다른 생각이어도 일단 듣기만 할 거야. 꼭 비밀을 지키도록 할게" "너는 어떤 기분이었어? 무엇을 알아주기를 원했어?" (이야기를 다 듣고 난 후) "힘든 이야기를 해줘서 고마워. 네가 정말 힘들었을 것 같아. 비밀을 지키도록 할게."

	도움이 되는 말과 행동	예시
표현하기	섣부른 위로는 도움이 되지 않아요. 무언가 말을 해주고 싶다고 해도 되도록 들어줘요. 내가 힘들 때, 무슨 말을 하기보다는 이야기를 해줘요. 자신의 경험은 상대가 먼저 묻지 않는 이상 말하지 않아요.	"함께 고민해보도록 할게. 너는 어떻게 하면 좋겠어? 내가 어떻게 도움을 주면 좋겠니?"
이해 해주기	자신에게 표현하지 않았다고 서운하다고 표현하고 싶을 때는 다음과 같이 표현해요. 상대방이 힘든데, 자꾸 캐묻게 되면 더 힘들어질 수 있어요.	"네가 얼마나 힘들었으면 나에게 이야기하지 못했을까? 생각했어. 너의 마음이 어땠을지 생각해보니, 속상했을 것 같았어. 너에게 도움이 될 일이 있다면 언제든 이야기해줘."

3장

	도움이 되는 말과 행동	예시
기다려 주기	가장 변화하고 싶은 사람은 당사자이지요. 어떤 말보다 묵묵히 응원하고 기다려주는 사람이 더 힘이 될 수 있어요.	"네 속도를 존중해. 천천히 해도 괜찮아. 빨리 좋아지려고 애쓰지 않아도 좋아."
놀기 (신경을 다른 데 써보기)	어떤 일이나 사건과 관계없이 놀고 싶을 수도 있어요. 평소처럼, 신나고 즐겁게 놀 수 있는 방법으로 놀아요. 상대방이 먼저 말을 하지 않는 이상, 힘든 일에 대하여 말을 꺼내지 않아요. 혹시 놀기를 거절한다고 상처받지는 말아요. 내가 싫어서 거절한다기보다는 마음이 힘들어서 놀기 힘든 것일 수도 있으니깐요.	"재미있게 놀고 싶은데, 괜찮아? 네가 원하지 않으면 다음에 놀아도 좋아."

혹시 누군가 나를 이렇게 대해줬으면 좋겠다고 생각하나요? 그렇다면, 나 스스로에게 말해보세요. "○○이가 나에게 이런 이야기를 해주면 좋겠다."라는 생각이 든다면 그에게 이 부분을 보여주고 부탁해도 좋아요. 분명 나를 도와주고 싶은 사람들이 있을 거예요. 부모님, 선생님께 부탁드려도 되겠지요.

4장
청소년 연애
잘 만나고 잘 헤어지기

슬기로운 연애 생활
청소년기 연애

'깻잎 논쟁'에 대해 어떻게 생각하시나요? 깻잎 논쟁은 만약 내 친구, 나, 연인과 함께 밥을 먹는데, 내 친구가 붙어 있는 깻잎을 떼려 할 때 나의 연인이 도와줘도 되는지 묻는 것입니다. 여러분의 선택은 무엇인가요? 그 이유는 무엇일까요? 사람마다 각자 다른 선택을 하겠지요.

깻잎 논쟁은 모두가 연애를 한다는 가정하에서 어떤 일이 일어날지 미리 상상해보며 자기 마음을 선택할 수 있답니다. 점심 식사 후, 5교시 수업 시간에 깻잎 논쟁을 했습니다. 식곤증이 왔는지 눈에 초점이 없던 일편단심이가 눈을 번뜩이며 이야기를 시작합니다.

"내 친구가 어떻게 먹든지 연인은 상관하지 않았으면 좋겠어요. 저만 챙겨줬으면 좋겠어요."

그 말이 끝나기도 전에 아량이가 큰 목소리로 말을 시작합니다.

"연인이 배려심이 깊어서 내 친구를 도와줬으면 좋겠어요."

이 말을 듣더니 덤덤이가 말을 시작해요.

"이게 논쟁할 거리가 되나요? 아이들이 연애를 안 해봐서 몰라서 하는 소리예요. 그냥 둘만 사이가 좋으면 되지요."

왜 이렇게 다르게 선택할까요? 사람마다 허용할 수 있는 기준이 다르기 때문입니다. 여러분은 연애에 대하여 어떤 기준을 가지고 있나요? 연애에 관한 생각은 다양해요. 그 다양한 생각들에 대하여 알아봅니다.

심리학자 이남석 선생님은 청소년의 연애에 대하여 강의하실 때, 연애의 이로운 점이 무엇일지 다음에서 고르도록 했다고 합니다.

1. 공부에 도움이 된다.
2. 정서가 안정된다.
3. 일상의 활력이 된다.
4. 외롭지 않다. *

1번을 고른 청소년들은 거의 없었고, 어른들 대다수는 1번의 표현을 바꿔서 "공부에 도움이 안 된다."라고 대답하셨다고 합니다. 청소년기의 '연애 문제'를 바라보는 어른의 시각을 짐작하게 해주는 대목입니다.
청소년기에 접어들면서 여러분에게는 자연스럽게 부모님이 주시는 사랑, 친구들과 쌓기 시작하는 우정과 더불어 채우

---

* 이남석 지음, 《저, 사랑이 처음인데요》, 북트리거, 2020, p.9. 참조.

고 싶은 다른 감정이 몽글몽글 일어납니다. 누군가와 특별한 관계를 형성하고 싶어져요. 마음을 주고받으며 소중한 감정을 나누고 싶은 바람이지요. '누군가를 만나고 싶다.'라는 바람은 곧 '내 감정을 나눌 소중한 사람을 찾고 싶다.'는 말이기도 합니다.

청소년기의 연애 경험을 조사해보니 기관별로 결과가 다르게 나왔습니다. 평균적으로 55퍼센트의 청소년이 연애 경험이 있다고 응답했는데요. 통계청이나 한국여성정책연구원에서 조사했을 때 "경험이 있다."라고 답한 사람이 50퍼센트 이하인 적도 있었고, 학원이나 청소년 신문 등 청소년들이 주도적으로 조사한 경우엔 60~70퍼센트 정도가 "연애 경험이 있다."라고 대답했습니다. 대략 청소년의 반 정도는 연애 경험이 있고, 반 정도는 없다는 이야기이지요.

청소년들은 연애할 때 "부모님께 말씀을 드리지 않는다." 라고 응답한 비율이 45퍼센트로 가장 많았습니다. 네 명 중에서 한 명은 말을 하지 못하는 이유로 "부모님이 연애를 반대하실 것 같아서"라고 했습니다. 부모님이 자신의 연애에 대하여 잔소리를 하실까 봐 사실대로 말씀드리지 못했다는 것입니다. 하지만 55퍼센트의 청소년들은 부모님께 말씀을 드렸고, 심한 꾸중을 들었던 사람은 3퍼센트밖에 되지 않았어요. 청소년들은 또한 부모님께 털어놓고 말씀을 드리지 않았을 때, 계속 거짓말을 하게 되거나 도움을 요청하지 못하는 상황이 발생하는 것이 문제라고 답했습니다.[*]

부모님들은 대개 청소년기의 자녀들이 학업에 몰두하기를 바랍니다. "모든 일에는 다 때가 있다."라고 하시면서 청소년기에는 미래를 위해 공부에 전념해야 한다고 생각하셔요. 또 연애하다가 안전하지 못한 상황에 놓이게 될까 봐 염려하십니다.

아마 부모님의 속마음은 '연애도 좋지만 그러다가 목표한 것을 이루지 못하면 어쩌지?' 하는 것이겠지요. 그러니까 실은 연애 자체를 반대하는 게 아니에요. 자기 생활에 영향을 주지 않는다면, 부모님은 반대할 이유가 없잖아요? 통계에서 보았듯, 부모님께 말씀드렸을 때 꾸중을 들었다는 사람은 의외로 적습니다.

---

[*] 청소년 45퍼센트 부모님께 '연애' 사실 숨겨… 이성 교제 반대할까 봐, 〈에듀동아〉, 2020.8.25.

버지니아대학교 심리학과 조셉 알렌(Joseph Allen) 교수님은 청소년기의 연애가 미래에 어떤 영향을 미칠지 20여 년간 연구하셨어요. 청소년의 연애를 안정적으로 유지할 수 있다면 성인이 되어 다른 사람과 관계를 맺고 의사를 조율하는 능력이 향상될 수 있다고 합니다.

왜냐고요? 연애할 때는 서로 사귀는 동안 두 사람이 의견을 조율할 일이 많이 생기잖아요. 하다못해 저녁으로 무엇을 먹을지, 어떤 영화를 볼지, 주말 도서관 데이트를 계획했다면 어디로 갈지 등등 의견을 주고받으며 결정해야 할 일이 많아집니다. 이를 통해 두 사람 모두 만족스럽게 시간 보내는 방법을 찾다 보면 자연스레 의사를 결정하는 능력과 조율 능력이 자랍니다.

실제로 어느 한 사람만 계속 희생하는 관계라면 그 관계는 지속되기 어렵습니다. 매번 희생하면서도 "응, 너만 즐거우면 돼."라고 생각하는 사람은 별로 없을 겁니다. 하지만 모두가 만족하는 방법을 찾아가기란 여간 까다로운 게 아닙니다. 그렇기에 연애 기간은 의견을 조율하는 법을 연습할 수 있는 좋은 시간이기도 합니다. 연애 경험이 있는 친구들이 성인이 되었을 때 그렇지 않았던 친구들보다 어느 면에서는 문제해결 능력이 빠르다고 여기는 배경입니다.

청소년기의 연애 특징 중 하나가 "이별이 빠르다."라는 점이라고 합니다. 서로 사귀는 과정에서 더는 상처를 받고 싶지 않을 때, 흔히 이별을 선택하기 때문인데요. 특히 지속적으로 상처 받은 경험이 있거나 어려움을 겪은 청소년들이 쉽게 이별을 선택합니다. 사람은 누구나 행복하고 싶어 해요. 자신이 조금이라도 상처를 받게 될 것 같으면, 미리 방어하거나 보호합니다. 누구든 상처를 받지 않기 위한 선택을 하게 마련이지요. 그래서 연애하는 과정이 계속 힘들게 느껴지면, 어려움을 극복하기보다는 차라리 연애를 그만두는 선택을 하는 것입니다.

청소년기 연애에서 이별이 빨라지는 또 다른 이유는 이 시기에 몸과 마음의 변화가 폭풍처럼 밀어닥치기 때문입니다. 청소년기를 흔히 '충동적으로 생각하고 움직이는 시기'라고 하는데요, 그 이유는 자아정체성을 확립하는 시기이기 때문입니다. 성장하는 뇌의 다양한 부분들을 통합하는 시기, 즉 발달한 부분을 연결하는 시기이기도 하고요.

자신이 혼란스러울 때 조금이라도 스트레스를 받게 되면, 자신을 보호하기 위해서 스트레스를 받지 않는 쪽을 선택하게 됩니다. 그래서 연애가 힘들어질 때 우리는 자신을 보호하기

위해 이별을 선택하는 것인지도 몰라요. 그런데 이별을 자주 경험하다 보면 마음에 상처를 입게 마련이고, 이것이 우울증으로 이어지는 경우도 종종 발생합니다.

중학교에 입학하자마자 커플이 되었던 친구들이 있었어요. 그러다가 어느 날, 화를 내며 싸우고는 헤어지게 되었습니다. 그 후 두 사람은 같은 반에서 얼굴을 마주치는 것조차 힘들어했죠. 좋아했던 만큼 헤어지는 것도 쉽지 않았습니다.

회복적 대화(132쪽 참조)를 통해서, 둘 다 힘들게 지내지 말자고 불편했던 마음을 전했어요. 그 뒤로는 어느 정도 편안하게 학교생활을 하게 되었지만, 사실 두 친구는 밥도 못 먹고 잠을 못 잘 정도로 힘든 시간을 보내야 했습니다.

조셉 알렌 교수님은 청소년기의 불편한 연애가 고혈압으로 이어질 수도 있다는 연구 결과를 발표하셨어요. 부모님이 연애에 대하여 엄격한 규칙을 강요하면, 자녀들은 이를 지킬 수 없게 되겠지요? 그럴 경우 부모님과의 약속을 지키지 못한 아이들은 죄책감을 느끼게 되고, 결국 자기들도 모르는 사이 부모님과 차츰 거리를 두게 된다고 합니다. 하지만 연애를 반대하시는 정도가 심각할수록 부모님의 말에 순종하기보다는 자신의 욕구를 따르고 싶어 하게 되지요. 일명 '청개구리 심보'라고나 할까요? 그러나 마음이 불편한 상태에서 연애하게 되면 스트레스가 여간 큰 게 아니어서 결국 고혈압을 일으킬 수 있다고 합니다.

반면 부모님이나 주위 친구들과 안전한 관계를 유지하면

서 연애할 경우에는 심리적 안정감이 상승한다고 해요.* 그만큼 청소년기의 안정적인 연애가 심신의 건강에 중요하다는 뜻입니다.

부모님께 자신의 연애 이야기를 솔직하게 말하는 것이 부끄럽다고 생각할 수도 있어요. 혹은 꾸중을 들을까 봐 미리 걱정하는 것일 수도 있죠. 어떻게 하면 좋을까요? 이남석 선생님이 주신 팁을 하나 소개할게요. 바로 부모님께 "엄마 아빠는 청소년기에 좋아하는 사람이 있었어요?" "부모님의 이상형은 어떤 사람이었나요?" 하고 물어보는 것입니다. 그러면서 부모님의 이야기 끝에 슬쩍 자신의 연애 고민이나 현재 연애 상태를 이야기하면 도움이 될 거라고 하셨지요.†

경기도에 있는 네 개 남녀 공학 중학교 학생을 대상으로 연애 이슈를 조사한 적이 있습니다. 질문의 요지는 "연애 후 학업성적에 변화가 있었는가?" 하는 것이었는데요, "연애 후 학업성적에 변화가 없었다."‡라는 대답이 64퍼센트 나왔습니다. 연애하면 시간을 빼앗겨서 성적이 떨어질 것 같다고 생각할 수 있지요. 하지만 안정적으로 연애를 하면서 공부하면, 심리적으

---

* Jane Kelly, *STUDY: INTENSE TEEN ROMANCE CAN PREDICT TO HIGH BLOOD PRESSURE IN ADULTHOOD*, UVAtoday, 2021.6.3.
† 이남석 지음, 《사랑을 물어봐도 되나여?》, 사계절, 2010, pp.11~12.
‡ 김고연주 지음, 《나의 첫 젠더 수업》, 창비, 2017, p.83.

로 도움이 된대요.*

　오은영 박사님은 2021년 10월 9일 MBC 다큐멘터리 〈청소년과 성〉에서 "건강한 교제는 인격 형성에 좋은 역할을 한다."라고 말씀하셨습니다. 미국 조지아대학교 보건행동학과 파멜라 오프나스(Pamela Orpinas) 교수님은 청소년기에 연애를 하는 청소년과 연애를 하고 있지 않은 청소년들 간의 사회성 및 자기 만족감을 비교하는 연구를 실시했습니다.† 그 연구 결과, 연애 경험에 따른 사회성의 차이는 거의 나타나지 않았습니다. 하지만 연애를 하는 친구들이 심리적으로 더 안정적이었고, 자기 만족감 또한 높았다는 결과가 있었답니다.

　학업에 영향을 주지 않고, 건전하게 교제하는 방법으로는 어떤 것이 있을까요? 어느 고등학생을 인터뷰했더니 "책임감과 자제력을 유지하는 것이 중요하다."라고 대답했습니다. 자제력을 잃게 되면 성적에 영향을 주기 때문이지요. 또 다른 고등학생은 "문자나 전화 통화는 정해진 시간에만 한다."라고 대답했습니다.‡

*　박래현(충주고), 임하은(안동여고), 고윤지(김해외고), 양호석(양서고) 학생수습기자, "이성 사귀며 학업도 충실히… 1318식 '사랑의 기술'", 〈한겨레〉, 2010.8.1.

†　유용하, "이성 친구 없는 청소년 일상생활 들여다보니", 〈서울신문〉, 2019.9.8.

‡　박래현(충주고), 임하은(안동여고), 고윤지(김해외고), 양호석(양서고) 학생수습기자, "이성 사귀며 학업도 충실히… 1318식 '사랑의 기술'", 〈한겨레〉, 2010.8.1.

중·고시절 이성 교제 경험 있나

서울대 사회과학계열 1학년의 경우 중·고시절 이성 교제 경험자 수가 재수생
그룹에 비해 훨씬 적었다. 서울대 그룹의 경험자는 30퍼센트 미만이었지만 재
수생 그룹은 경험자가 52퍼센트로 절반을 넘었다.

이성 교제 경험 있는 학생 중 이성 교제가 학업에 미치는 영향

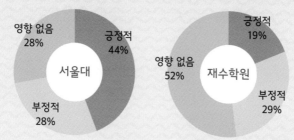

서울대에 진학한 유경험자(29명) 중 13명은 이성 교제가 학업에 긍정적이라고
말했다. 재수생의 경우 '부정적인 영향'을 줬다는 응답자가 많았다. 이성 교제
후 성적이 올랐지만 시간 부족 등의 이유로 부정적이라고 말한 경우도 있었다.

이성 교제 경험 없는 학생 중 이성 교제가 학업에 미치는 영향

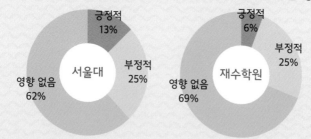

두 집단 가운데 이성 교제 경험이 없는 응답자(119명) 중 65%(77명)는 주위의
경험을 통해 이성 교제가 학업에 아무 영향을 주지 않는다고 말했다. 또한 경험
은 없지만 학업에 미치는 영향에 대해서는 다소 '부정적'이었다.

서울대학교 1학년 학생들 100명과 청솔재수학원에 다니는 100명의 학생에게 연애가 나의 생활에 미치는 영향을 조사해보았습니다. 응답자 대다수가 연애가 학업에 영향을 주지 않는다고 대답했어요. 연애 경험을 묻자 서울대학교 학생의 경우 29퍼센트, 재수학원 학생들은 52퍼센트가 "경험이 있다."라고 대답했습니다. 그중 연애 경험이 있는 사람들에게 "연애 경험이 성적에 영향을 주었나?"라고 물었더니 서울대학교 학생들은 44퍼센트가 긍정적이라고 답한 반면, 재수학원 학생들은 19퍼센트만 긍정적이라고 대답했습니다. 재수학원 학생들은 연애를 하면 시간을 많이 빼앗긴다고 생각한 것입니다.[*]

　　어떻게 균형 잡힌 연애를 하느냐에 따라 자신이 연애에 대하여 만족할 수 있는 결과도 높아진다는 말이겠지요. 균형 잡힌 연애를 하지 못할 경우 괜히 시간만 낭비했다고 생각할 수도 있겠지요.

　　청소년기 연애에는 다양한 측면이 있습니다. 따라서 연애 자체가 부정적인 게 아니라 균형 잡힌 연애를 하는 것이 중요하다는 사실을 인지해야 합니다. 내가 불행해지는 연애를 선택하는 사람은 없을 겁니다. 누군가와 진정으로 연결되어 다정하고 행복한 감정을 나누고 싶어 하는 것이 인간의 본능이잖아요. 건강한 연애를 하게 되면 우리는 이렇듯 조금 더 행복해질 수 있습니다. 이 세상에서 나 하나만을 생각해주는 사람이 있다는 건 너무나 힘이 나는 일이잖아요.

[*] "아이의 이성 교제 단계별 대처방안", 〈중앙일보〉, 2009.5.13.

하지만 저는 여러분이 "로미오와 줄리엣" 같은 사랑에는 빠지지 않았으면 좋겠어요. 로미오와 줄리엣의 사랑은 어쩌면 매우 극단적인 사랑의 한 모습입니다. 물론 요즘이야 서로 원수인 집안의 자제들이 만날 일도 드물고, 급기야 사랑에 빠질 일은 더욱더 드물겠지만, 사람의 마음이란 게 참 요물단지라서 '금기'에 취약합니다. 하지 말라고 하면 막 더 하고 싶어지잖아요? 그런데 막상 금지된 사랑을 하게 되어도 마음이 편치만은 않죠. '내가 우리 부모님 바람을 어겼구나.' 하면서 죄책감을 느낄 확률이 높습니다. 또 "그 모든 장애물에도 불구하고 너를 선택했다."라는 생각 때문에 상대에 대한 기대가 필요 이상으로 커질 수도 있고요. 그래서 더 큰 상처를 받기도 합니다.

일타 강사 이지영 선생님은 수험생들에게 "감정은 바로 표현해야 한다. 표현하지 않는 감정은 부패한다. 그때그때 표현하고, 공부에 집중해라."라고 말씀하셨어요.

어떤 친구가 멋지게 보이면 "너 오늘따라 멋진데?" 하고 바로 표현해야 한대요. 그러지 않으면 그 멋진 모습이 머릿속에 남아서, '오늘따라 이 친구가 왜 이렇게 멋있게 보였을까?' 계속 생각하며 설레느라 감정을 혼자 키우게 된다는 거죠. 또 어떤 친구가 나를 도와줘서 고마웠을 때도, "네가 도와줘서 숙제를 빨리할 수 있었어. 고마워."라고 바로 표현하는 것이 바람직하다고 합니다.

고마웠다고 느꼈을 때 즉각 표현하면 그 감정은 사라지는데, 그렇지 못하면 계속 뇌리에 남아 '아까 고맙다고 말할걸,

내일 말하면 멋쩍어지는데.' 하면서 혼자 아쉬워하게 된다는
겁니다.

청소년기는 심리적으로 불안한 시기여서 연애할 때 서로
상처를 주기 쉽습니다. 마음이 너무 말랑하고, 생각도 계속 바
뀌는 시기라서 사소한 말 한마디나 행동 하나에도 큰 상처를
받게 되지요. 연약한 아기 피부에 상처가 잘 생기듯 좋아하는
사람의 사소한 행동이나 말 한마디에도 쉽게 상처를 입어요.

그럼에도 내가 지금 연애하기를 선택했다면, 내가 행복한
방법을 찾고, 상대를 행복하게 해줄 수 있는 방법을 찾아야 합
니다. 영어 속담에 "No pain, no gain."이라는 말이 있습니다.
"고통 없이 얻어지는 것은 없다."라는 뜻이지요. 그러니 나의
행복을 위해서 연애를 선택했다면, 분명 책임질 것들이 있을
겁니다.

혼자 감당하기 힘들 때는 반드시 주위에 도움을 요청하세
요. 내가 연애 문제로 힘들 때 단지 내 잘못만으로 고통스러운
것은 아니거든요. 여러분이 어려움에 처한다 해도 창피해할 이
유가 없습니다. 그 어려움은 바로 내 마음에 도움이 필요하다
는 신호거든요. 저처럼 여러분의 어려운 마음을 함께 보듬어줄
사람이 꼭 있을 겁니다.

세상에 '단 하나뿐인 정답'은 존재하지 않습니다. 연애도
그렇고 사랑도 그래요. 가장 중요한 것은 후회하지 않을 선택
을 하고, 그다음에는 **자기 행동에 책임을 지는 것**입니다.

나답게 하는 연애
뽀뽀해도 돼?

　고정욱 선생님은 《까칠한 재석이가 열받았다》*에서 "어른들은 모르는 청소년 성 이야기"를 쓰셨어요. 책은 주인공 재석이가 여자친구 보담이를 몰래 훔쳐보는 것으로 시작해요. 보담이가 샤워하는 걸 엿보다가 딱 걸리는데요. '큰일이다. 어떻게하지?' 하는 순간 재석이는 잠에서 깨어납니다. 네, '몽정'에 관한 이야기죠. 고정욱 선생님은 유튜브 〈고정욱TV〉†에서 성에관련된 이야기는 무작정 숨길 게 아니라 같이 고민하면서 풀어나가야 한다, 라고 말씀하세요. 그래서 《까칠한 재석이가 열받았다》를 쓰셨다고 했고요.

　생리나 몽정은 육체적인 성장의 증거로 누구나 경험하는일입니다. 청소년기는 몸의 성장만이 아니라 정신적인 면에서도 큰 폭으로 성장하는 시기입니다. 흔히 '어른이 되었다고 착각'하는 나이라고 말할 정도입니다.

　어른들은 청소년기의 설레는 감정이나 성적인 호기심이자연스러운 것이라고 말하면서도 막상 자녀들이 그런 감정을

---

*　고정욱 지음, 《까칠한 재석이가 열받았다》, 애플북스, 2014.
†　https://www.youtube.com/watch?v=LlasH7jpaKw

드러낼라치면 걱정부터 앞세웁니다.[*] 그래서 청소년들은 자신의 속내를 꺼내기가 쉽지 않아요. 성장은 당연한 자연적 현상이고 부끄러운 일이 아닌데도 말이에요.

성적인 영역은 통념적으로 은밀하게 다루어졌기 때문에 이에 대한 관심을 솔직하게 표현하는 게 쉽지 않습니다. 그러다 보니 호기심만 더 증폭됩니다. 마치 놀이동산에서 롤러코스터에 오를 차례를 기다리는 것과 같아요. 놀이동산에 가서 한번도 타보지 못한 롤러코스터 앞에 줄을 서본 경험이 있나요? 누군가는 완전 재미있다고 하고, 누군가는 너무 무섭다고 합니다. 하지만 타본 적이 없으니 기다리면서 상상만 하게 되지요.

성적인 호기심도 마찬가지입니다. 누군가의 말과 기준에 따라 상상하게 되면 호기심만 증폭됩니다. 이렇게 성에 대한 관심을 호기심의 차원을 벗어나 건강하고 올바르게 성장시킬 수 있는 방법을 찾아볼게요.

몸과 마음이 성장하는 동안 내가 원하는 연애를 할 수 있는 방법은 무엇일까요? 고등학생으로 자칭 '연애 상담전문가'인 수정이가 들려주는 '탁월한 연애' 이야기를 소개합니다.

수정이는 중학교 때부터 연애 문제로 고민하는 친구들의 상담을 도맡았다고 합니다. 그러는 사이 연애에 대한 자신만의 기준도 생겼다고 해요. 수정이는 탁월한 연애란 각자 책임을 질 수 있는 한에서 자신의 상황에 맞게 사귀는 것을 의미한다

---

[*]   김경연 지음, 《호기심》, 창비, 2018, p.209 참조.

고 합니다. 수정이가 관찰한 바에 따르면 자신이 책임지지 못할 행동을 한 친구들은 거의 없었다고 해요. 본인이 몰입하고 싶은 것—공부, 연기, 예체능—이 있어서, 연애를 보류하는 친구들도 있었고, 별 고민 없이 신나게 연애에 몰입하는 친구들도 있었대요.

연애하면서 매일 싸우고 지내는 데도 만족하며 생활하는 친구도 있고, 다른 사람들이 모르게 비밀연애를 하는 친구도 있고, 연애 중이라는 티를 한껏 내면서 다른 사람들에게 피해를 주는 친구도 있다고 합니다. 그런데 여러 경우 중 이렇게 티를 내는 친구는 다들 '그럴 수도 있지.' 하면서도 속으로는 영 불편해한다고 합니다. 이런 모습을 보면서 연애 상담전문가 수정이는 연애할 때는 자신들의 즐거움을 추구하는 중요하지만, 다른 사람들도 생각하면서 만나는 것이 더 중요하다는 것을 깨달았다고 해요.

세라 오리어리 버닝햄 작가님은 《나도 로맨스가 필요해》라는 책에서 "좋은 관계는 균형의 문제"라고 했어요. 연애도 시소를 타는 것처럼 균형을 맞춰야 한다고 했습니다.* 한쪽이 너무 높이 올라가거나 너무 낮게 내려가면, 시소 타기의 즐거움은 사라집니다. 공중에 붕 떠서 무서울 수도 있고, 엉덩이랑 발이 땅에 닿아서 불편할 수도 있어요. 이럴 때는 시소를 재미나

---

* 세라 오리어리 버닝햄 지음, 한경희 옮김, 《나도 로맨스가 필요해》, 우리교육, 2014, pp.110~120 참조.

게 타는 게 아니라 상대방을 괴롭히는 일이 될 수 있습니다.

시소의 양쪽 끝에 앉은 사람들이 번갈아 올라갔다 내려갔다 하면서 즐기듯 연애할 때도 균형을 맞춰야 합니다. 물론 시소 타기는 연애보다 균형 맞추기가 쉬워요. 눈에 잘 보이니까요. 하지만 연애는 마음을 나누는 일이기에 참 어렵습니다. 김은재 선생님은 "둘이 잘 어울리고, 상대도 정말 좋은 사람인데, 대처하지 못해서 원치 않는 이별을 할 때도 있다."라고 하셨지요.* 연애를 할 때는 두 사람이 서로 어떻게 대화하면서, 서로의 의견을 조율해 나가는가가 가장 중요합니다.

그렇다면 어떻게 의견을 조율하면서 균형을 맞출 수 있을까요? 성 지식보다 감정을 먼저 가르친다는 핀란드식 성교육을 주장하셨던 라이사 의사 선생님과 에르야 상담 선생님께서는 연애에서는 감정을 공유하는 것, 즉 **공감**이 중요하다고 강조하셨습니다.

예를 들어볼게요. 한쪽은 깊은 감정을 느끼지만, 상대는 아닐 수도 있지요. 가령 나는 마음을 다해 뽀뽀했다고 생각했는데, 상대는 호기심에 뽀뽀했을 수도 있지요.† 나는 진심으로 상대에게 다가갔는데, 상대는 어떤 감정도 없는 상태에서 나에게 다가올 수 있다는 말이지요. 자신을 좋아한다고 했던 사람

---

* 김은재 지음, 《마음카페》, 사계절, 2020, p.204.

† 라이사 카차토레·에르야 코르테니에미-포이칼라 지음, 정보람 옮김, 《엄마, 나도 사랑을 해요》, 베르단디, 2021, p.204 참조.

이 내 기대와 전혀 다른 말과 행동을 할 수도 있어요.

또한 같은 행동이어도 사람마다 매기는 의미는 다를 수 있습니다. 나는 좋아한다고 '뽀뽀'를 했어요. 상대는 좋아한다는 마음보다는 자신에 호기심을 채우기 위해서 '뽀뽀'를 했을 수도 있겠지요. 상대방이 내 좋아하는 마음을 이용했다면 어떤 기분일까요? 그야말로 억장이 무너지겠지요.

서로 좋아하는 사이에서는 사소한 말이나 행동도 상대에게 큰 영향을 미치게 됩니다. 그래서 더 큰 상처를 남기지요. 그만큼 상처를 받지 않기 위해서는 서로가 어떤 감정 상태인지를 묻고 확인하는 것이 중요합니다. 서로 "좋아한다"라고 하는 같은 말을 해도 그 의미는 각각 다를 수 있기 때문입니다.

우리는 상대방의 감정을 정확히 알 수 없습니다. 그 사람의 머릿속이나 마음에 들어가서 확인할 수도 없는 노릇이니 그저 추측할 수밖에 없어요. 자기 자신의 감정도 잘 모르는 사람이 많은데, 남의 감정은 오죽할까요? 그런데 우리는 이성적이고 합리적인 말이나 지적보다 감정을 건드리는 말에 더 영향을 받아요. 여러분은 어때요? 감정 표현이 확실한 사람이 그만큼 건강한 관계를 형성할 수 있는 배경입니다. 물론 선천적으로 자신의 감정을 잘 파악하지 못해서 표현하는 걸 어려워하는 사람들도 있지만요.

청소년을 위한 《연애 심리학》을 쓰신 이창욱 선생님과 조은지 선생님께서는 스킨십에서는 먼저 충분히 감정 교류를 한

다음 서로가 원하는 것을 잘 알고 배려하는 게 중요하다고 하셨어요.* 스킨십을 할 때도 관계 지향적인 사람과 목적 지향적인 사람의 소통방식은 차이가 난다고 합니다.

관계 지향적 사람은 상대방과의 관계를 중요하게 생각하는 사람이지요. **목적 지향**적인 사람은 연애에서 내가 상대와 하고 싶은 것이 분명하고, 그것을 상대에게 표현할 수 있는 사람이지요. 스킨십을 할 때도 관계 지향적인 사람은 "no"라고 말하기 힘들다고 했어요. 마음속으로는 원하지 않는데, 상대를 만족시키기 위해서 표현을 못 하는 사람들이지요. 이 유형들은 뒤돌아서면, 스킨십을 후회하게 되겠지요. 반면, 목적 지향적인 사람은 간접적인 신호로 거절하면 알아듣기 힘들어한대요. 또 직접적으로 거절을 표현해도 자신이 원하는 목적을 강요하고요.

정승호 선생님께서는 이런 상황에서는 서로를 배려할 수 있는 문화를 경험하는 게 중요하다고 하셨어요.† 우리나라 여성들은 침묵과 순종을 강요당하는 문화에서 나고 자랐기 때문에, 남성들이 흔히 여성의 "no"를 "yes"로 인식하는 오류를 범하기 쉽습니다. 어른의 연애에서도 마찬가지지만, 청소년기의 연애는 특히 오해가 발생하기 쉬워요. 그러니 서로의 의사를 명확히 전달하고, 상대방의 의견을 존중하고 이해하는 문화를 만드는 것이 중요합니다.

---

* 이창욱·조은지 지음, 《연애 심리학》, 라의 눈, 2020, p.111 참조.

† 정승호 지음, 《요즘 10대》, 좁쌀한알, 2020, p.72.

연애는 굉장히 사적인 일입니다. 따라서 둘만의 문화를 만들어가는 것이 매우 중요해요. 내가 목적 지향적인 사람이라면, 상대의 말에 귀 기울이도록 노력해야 합니다. 상대의 말보다는 내가 원하는 것이 앞설 수 있으니까요. 만약 이 과정에서 어려움을 느낀다면 이렇게 표현해보면 어떨까요?

"나는 네가 말하는 것을 잘 이해하지 못할 수 있어. 네가 조금 더 분명하게 말을 해줘야 내가 알아들을 수 있어. 네가 말한다면, 내가 더 귀를 기울이도록 노력하겠지만, 내가 잘 이해하지 못했을 때는 네가 다시 한번 이야기해주면 좋겠어."

반대로 내가 관계 지향적 사람이라면, 이렇게 표현해보세요.

"나는 내가 원하는 것을 분명하게 말하는 것이 쉽지 않아. 네가 싫어서가 아니라, 너를 좋아해서 내가 원하는 것을 이야기하기가 쉽지 않아. 특히 거절하는 것은 더 힘들어. 내가 힘들다고 표현하거나 어렵다고 말하면, 그것보다 더 힘들다고 생각하면서 들어줬으면 좋겠어."

연애는 서로가 관계 지향적인 사람인지, 목적 지향적 사람인지 알아가는 과정입니다. 각자 자신이 어떤 유형인지 먼저 파악한 다음 상대에게 **나 사용 설명법**을 이야기해주는 건 어떨까요. 이 모두가 결국은 서로의 진심을 알아가는 과정입니다.

연애 전문가들은 안전하고 건강한 연애를 하고 싶으면 **연애 규칙**을 만들라고 강조합니다. 라이사 의사 선생님과 에르야 상담 선생님이 말하는 연애의 규칙은 '내 몸의 결정권은 내가 가지는 것'입니다.*

사람마다 원하는 것이 다르지요. 특히 스킨십 같은 경우에는요. 어떤 사람은 손잡기조차 과하다고 느낄 수 있어요. 또 누군가는 손잡기는 시시하다고 느낄 수 있고요. 청소년뿐만 아니라 성인들도 마찬가지입니다. 신체의 발달은 눈에 보이지만, 마음의 성장은 눈에 보이지 않지요. 발달의 정도 역시 같은 연령이라도 저마다 다르기에 자신이 원하는 스킨십이 무엇인지 명확하게 결정해야 합니다. 그리고 내가 원하지 않는 스킨십은 하지 않도록 반드시 표현할 줄 알아야 해요.

내가 원하지 않을 때, "네가 싫어서가 아니라, 나는 ~ 불편해. 나에게는 시간이 필요하고, 이렇게 이야기하는 것만으로도 충분하다."라는 말을 전달하여 자신의 생각과 느낌, 의견을 정확하게 밝혀야 합니다.

세라 오리어리 버닝햄 작가님은 연애에서는 "나와 다른 사소한 의견 차이는 무시하라."라고 조언하셨어요.† 연애할 때는 사소한 의견 차이가 날 수밖에 없으니, 그것을 견딜 수 있는 상대를 만나라는 것이지요. 상대 입장에서 생각하다 보면 이해할 수 있게 되는 부분도 있을 텐데요. 하지만 정 견딜 수 없다

---

* 라이사 카차토레·에르야 코르테니에미-포이칼라 지음, 《엄마, 나도 사랑을 해요》, p.178 참조.
† 세라 오리어리 버닝햄 지음, 한경희 옮김, 《나도 로맨스가 필요해》, 우리교육, 2014, pp.110~114 참고.

면 다른 상대를 찾으라는 극단적인 충고도 하셨습니다. 물론 두 사람 사이에 사소한 의견 차이 정도는 무난히 극복할 수 있을 만큼 즐거운 시간과 감정을 공유한다면야 문제가 없겠지만요. 억지로 꿰맞추기 위해서 애쓸 필요가 없다는 뜻이겠지요.

연애를 하다 보면 판단하고 결정해야 하는 상황이 자주 벌어집니다. 이럴 때 고민이 많이 생겨요. 연애 경험이 많은 친구에게 물어볼 수도 있고, 선생님이나 부모님께 고민을 털어놓을 수도 있지요. 요새는 인터넷에 검색하면, 다양한 의견과 조언이 나오기도 합니다. 이런 정보들을 종합할 수는 있지만 결국 판단과 선택은 나의 몫입니다. 그에 따른 책임도 전부 내 몫이고요. 그렇기에 **나만의 연애 규칙**을 만들게 되면, 안전하게 만날 수 있습니다. 물론 다른 사람들의 연애 규칙을 참고하면서 나에게 필요한 것이 무엇일지 생각해봐도 좋습니다. 저명한 사람들이 이런저런 조언을 해줬다고 해도 내 삶에는 적용되지 않을 수 있습니다. 나에게 필요한 것은 내가 가장 잘 알고 있잖아요.

심리학자 지뇽뇽 님의 말을 들어보아요. 솔로로 지내는 게 싫어서 마음에도 없는 사람들을 만날 수 있다고 합니다. 만나는 순간에 일시적으로나마 심리적 안정감을 얻을 수 있으니까요. 그러나 장기적으로는 혼자가 되는 것에 대한 두려움 때문에 상대의 말에 무조건 긍정하다가 보면, 자기 자신을 돌보지 못할 수도 있다고 했어요.* 에크하르트 톨레(Eckhart Tolle)는 "다른 사람을 사랑하기 위해서는 반드시 스스로를 사랑해야 한다."라고 강조했습니다. 내 자신을 잘 알고 나를 아껴줄 수 있어야 상대에게도 친절할 수 있겠지요.

'사공이 많으면 배가 산으로 간다.'라는 속담이 있습니다. 배가 어디로 갈지 명확하게 지시하는 사람이 있어야, 배가 원하는 목적지에 갈 수 있겠지요. 연애에 대한 수많은 해법은 언제든 찾을 수 있어요. 그러나 분명한 목적지는 내가 선택해야 합니다. 혹여 원하지 않는 결과를 맞는다고 해도 괜찮아요. 연애는 인생에서 딱 한 번만 할 수 있는 게 아니거든요. 그러나 이왕이면 내가 더 행복하게 연애할 수 있는 방법이 무엇인지 고민하고 선택하는 현명함을 갖추면 좋겠습니다.

로맨스 소설이나 드라마가 재미있는 이유는 무엇일까요? 마음에 드는 이성과 보내는 시간이 어떻게 될지 모르잖아요. 결론이 나지 않기 때문에 재미있는 것인지도 몰라요. 드라마 주인공들은 멋진 로맨스를 누리는 듯하지만, 사실 드라마가 보여주는 연애나 로맨스가 멋져 보이는 건 조금은 비현실적인 어려운 순간들이 있기 때문일 겁니다. 출생의 비밀이라든지 신분 차이처럼, 뻔히 알면서도 넘어가게 되는 클리셰들 말이에요.

아인슈타인은 "뜨거운 난로 위에 손을 올려놓고 있는 1분

---

* 지뇽뇽, "솔로는 외롭고 초라한 것일까?", 〈동아사이언스〉, 2017.2.19.

은 마치 한 시간처럼 느껴질 것이고, 마음에 드는 친구와 대화를 나누는 한 시간은 1분처럼 느껴질 것"이라고 말했습니다. 같은 시간 속에서 살고 있지만, 그 순간 각자에게 다가오는 느낌은 다르다는 말이겠지요.

여러분은 주어진 시간을 어떻게 보내고 싶나요? 뜨거운 난로 위에 손을 올려놓은 것처럼 지내고 싶은 사람은 없을 거예요. 순간순간 내가 꼭 행복한 선택을 했으면 좋겠어요.

[속닥속닥 💬 연애 규칙 만드는 방법]

내가 행복하기 위해서 연애규칙을 만들어봤으면 좋겠어요. 연애를 하고 있지 않아도 좋아요. 다음의 질문에 따라서 생각하다 보면 내게 어떤 것이 중요한지 알 수 있고, 나에게 필요한 것이 무엇인지 알 수 있게 될 거예요. 예상치 않게 발생하는 문제들을 미리 예방할 수 있을 거예요. 써봐도 좋고, 생각만 해봐도 좋을 것 같아요. 친한 친구와 질문을 읽어주면서, 함께 이야기해봐도 좋겠지요.

1. 나는 어떠한 연애를 하고 싶은가요? 내가 꿈꾸는 연애의 모습은 어떤 모습인가요?

2. 그 모습을 이뤄나가기 위해서 필요한 것은 무엇일까요? 구체적으로 생각해보세요.

3. 나는 연인과 연락할 때, '어떻게' '얼마나 자주' 주고받고 싶은가요? 내가 답을 못 하거나 상대가 답이 오지 않을 때는 어떻게 서로 이해할 수 있을까요?

4. (연애를 하는 상황이라면) 내가 다른 이성 친구들과 어떻게 지내고 싶나요? 혹은 내 연인이 다른 이성 친구들 앞에서 어떻게 행동했으면 좋겠어요? 어디까지 서로 허용해줄 수 있나요?

5. 내가 허용할 수 있는 신체적 접촉은 어디까지인가요? 내가 편안한 정도는 어디까지인가요?

6. 상대방이 특별히 나의 어떤 점을 도와줬으면 좋겠어요?

7. 내가 원하지 않은 부탁이나 제안을 상대가 할 때는 언제죠? 나는 어떻게 거절할 수 있을까요?

8. 위의 질문들을 따라 읽고 생각해보니, 어떤 것이 중요하게 다가오던가요?

* 위의 모든 답은 언제든지 바뀔 수 있어요. 때때로 생각해보면서 나에게 필요한 것이 무엇인지 자신만의 기준을 만들어보세요.

배고플 때 시장에 가지 말기
외로움이라는 먹이

"'배고플 때 시장에 가지 말라.'는 말이 있어요. 자신이 원하지 않았던 것을 고르게 되기 때문이지요. 인생도 마찬가지예요. 절박할 때는 아무거나 잡을 수 있어요. 진짜로 필요한 것이 무엇인지 모를 수 있습니다."*

전 세계의 저명한 사람들에게 코칭을 한 안드레 코헨 선생님은 "인생"에 대해서 위와 같이 이야기했어요. 배가 고프면 자신이 진짜 먹고 싶었던 음식을 선택하기보다 자신의 허기를 달랠 수 있는 음식을 고르게 되지요. 연애도 마찬가지예요. 내가 외롭다면, 내 외로움을 달래줄 수 있는 사람을 찾게 되겠지요. 진짜 자신에게 필요한 사람이 누구인지 모를 수 있다는 뜻입니다.

2013년 당시 고등학생이었던, 장동요, 김건우, 강동엽 님은 마포 FM방송에서 청소년 방송인 〈핫앤쿨〉을 진행했어요.† 청소년들의 고민을 함께 나누는 방송이었는데요. 이들은 청소

---

* https://www.youtube.com/channel/UCTlzEdTlaQvk1LayBop53jg
† 김청연, "'청소년', 내 이야기 담은 방송 만들어봤죠", 〈한겨레〉, 2013.4.29.

년들이 연애에 관심이 많다는 것을 알게 되어 특별히 청소년 연애를 연구하기도 했답니다. 그 결과 청소년기에 연애를 시작하는 동기 중에는 외로움이 상당한 부분을 차지했다고 해요. 꼭 연애를 하고 싶어서라기보다 외로워서 우발적으로 연애를 시작하는 경우가 많았다는 거죠. 그런데 자신에 외로운 마음을 달래고 싶어서 연애를 시작하지만, 근본적인 외로움은 해결되지 않을 때가 많습니다. 종종 그러면서 연애 상대를 "나의 외로움을 해결해주는 대상이 아니고, 나와 함께 마음을 나누는 친구라는 의미로 접근해보는 것이 어떨까?"라고 제안했어요.*

사람은 누구나 외로움을 느낍니다. 각자 느끼는 외로움의 정도도 다르지요. 여러분이나 혹은 친구 중에 유난히 외로움을 견디기 힘들어하는 사람들이 있나요? 그것은 외로움을 마주하는 것을 두렵게 느끼기 때문입니다. 반면 어린 시절 충분히 사랑을 받은 사람은 **외로움을 감당하는 그릇**이 크다고 해요.†

우리에겐 어린 시절 받아야 할 적정량의 사랑이 있는데요, 그것이 채워지지 않으면 "외로움을 감당하는 그릇"이 작아진다고 합니다. 외로움을 쉽게 느끼는 사람들은 외로움을 해결하기 위해 많이 노력해요. 연애는 그중 하나의 방법입니다. 이럴 때의 연애는 자신의 외로움을 채우기 위한 하나의 방편일 뿐이에요. 자칫 상대방에게 자신의 외로움을 채워달라고 강요할 수

---

* 　장동요, 김건우, 강동엽, "청소년이 이야기하는 우리들의 사랑", 「청소년의 사랑 "감춰진 10대의 이성 교제」, 한국청소년상담복지개발원, 2013, p.92.
† 　이창욱·조은지 지음, 《연애 심리학》, 라의 눈, 2020, pp.214~218.

도 있고요.

　예를 들어, "외로움을 감당하는 그릇"이 작은 사람들은 상대방의 감정을 통제하려 들거나 지나치게 집착합니다. 물론 내가 좋아하는 친구이니 그의 외로움을 채워주고 싶어 하는 마음도 충분히 이해합니다. 그러나 다른 사람들이 주는 도움에는 한계가 있어요. 외로움을 감당하는 그릇을 키우기 위해서는 개인의 노력이 필요합니다.

　이 이야기를 듣고 미경이는 자신이 "외로움을 감당하는 그릇"이 작다고 느꼈어요. 미경이에게 유진 베러신(Eugene Beresin) 정신의학 교수님의 연구 결과를 들려주었습니다. 교수님은 미국 하버드대학교에서 어린이와 청소년들의 정신건강을 연구하셨어요. 외롭지 않기 위해 노력하는 것도 중요하지만, 자신이 왜 외로움을 느끼는지 이해하는 것이 정신건강에 좋다고 하셨습니다.*

저는 미경이에게 어린 시절 가장 슬펐던 순간이 언제인지 글을 써보라고 권했어요. 미경이는 어렴풋하게 집에 잠시 혼자 있었던 순간이 있었다고 했습니다. 그때 굉장히 무섭고 불안했다고 했습니다. 미경이는 그 사건을 글을 쓰고 나서 자신이 언제 외롭고 힘들었는지 이해하게 되었다고 했어요. 글을 쓰는 과정을 통해 자기 자신을 이해하게 된 것입니다.

혹시 외로운 사람이 있나요? 슬프게 울었던 적이 있나요? 그런 사람들은 자기 자신의 외로움을 이해하는 글쓰기를 시도해보면 어떨까요? 글을 쓰기 귀찮다면 친한 친구와 대화를 나눠보는 것도 좋고요. 단, 대화를 나눌 때는 서로 조언이나 충고를 주고받기보다 말없이 들어주기를 권합니다. 그리고 이야기가 다 끝나면 서로의 입장이 되어 그때 느꼈을 감정을 나누어보세요.

한국청소년상담복지개발원 강석영 상담사 선생님은 청소년 연애에 관하여 사이버 상담사례들을 분석하셨어요.† 청

---

* Eugene Beresin, "Why Are Teens So Lonely, and What Can They Do About It?", 〈Psychology Today〉, 2019.7.26. https://www.psychologytoday.com/intl/blog/inside-out-outside-in/201907/why-are-teens-so-lonely-and-what-can-they-do-about-it

† 강석영, "이성 교제 경험 청소년 개별면접 인터뷰 & 이성 교제 관련 상담사례 동향 분석", 「청소년의 사랑 "감춰진 10대의 이성 교제」, 한국청소년상담복지개발원, 2013, p.11~70 참조.

소년들이 연애할 때 가장 고민하는 부분은 짝사랑과 이별이었어요.

짝사랑은 몇 달 혹은 몇 년 동안 한 사람의 마음을 얻기 위해 가슴앓이를 하는 것이지요. 짝사랑도 두 가지로 나눠요. 그 사람만 생각해도 행복한 사랑이 있고, 이루어질 수 없다는 사실 때문에 마음이 아픈 사랑도 있지요.

짝사랑의 시작은 '기분 좋음'입니다. 내 가슴을 설레게 만들어주는 사람이 있다는 것은 행운이지요. 좋아하는 친구의 웃는 모습만 상상해도 행복해지잖아요. 학교에 가는 발걸음도 가볍고요. 그 친구를 볼 수 있다는 생각만으로 학교에 가기 싫은 이유 백만 가지가 사라지지요. 관심이 가는 친구에게 잘 보이고 싶어서 자진해서 발표도 하고, 프로젝트를 리드하는 등 새로운 시도도 해볼 수 있습니다. 단 짝사랑의 가장 큰 어려움은 내가 좋아하는 만큼 상대가 나에게 관심을 주지 않을 수 있다는 점입니다.

짝사랑의 종결은 누가 찍을 수 있을까요? 《소년아, 나를 꺼내줘》*와 같은 짝사랑에 관련된 소설을 보면, **짝사랑의 종결점은 내가 찍어야 합니다.** 상대방에게 결정권을 주고 기다리면 내가 힘들어집니다. 상대방의 대답이 짝사랑의 종결 지점이 아니에요.

누군가를 좋아하고, 설레는 상황은 참 아름답습니다. 그러니 짝사랑을 나쁘다고 말할 수는 없어요. 하지만 내가 누군가

---

*   김진나 지음, 《소년아 나를 꺼내줘》, 사계절, 2017.

를 좋아해서 너무나 속상하고 또 힘든 일만 반복된다면, 그럴 때는 이 상황을 돌이켜보아야 합니다. 내가 나를 괴롭히는 셈이니까요.

　짝사랑 중인 친구들에게 "어떤 경우에 본인이 비참하게 느껴지는지" 물었어요. 1위는 '(나의 짝사랑 대상이) 다른 사람과 잘 되는 모습을 볼 때'(29.3퍼센트)로 가장 비중이 높았습니다. 그다음은 '상대방의 사소한 행동에 의미 부여를 할 때'(16.3퍼센트)입니다. '나에게 연애 고민을 털어놓을 때'(15.8퍼센트)도 비참하게 느껴진다고 대답했습니다.* 만일 이런 상황을 경험한 적이 있다면 이제 짝사랑에 종지부를 찍어야 합니다. 그런데 "그 사람을 생각하지 말아야겠다."라고 결심하더라도 생각이 자꾸 난다는 게 문제입니다.

　왜 쉽게 사라지지 않게 될까요? 내가 좋아했던 감정이 있기 때문이에요. 그럴 때는 "내가 좋아하는 감정이 남아 있는 건데, 잘 정리되지 않아서 힘드네." 하고 자신의 마음을 알아주세요. 감정을 알아주게 되면, 생각을 정리하는 데 도움이 됩니다. 내가 좋아하는 감정 자체는 나쁜 것이 아닙니다. 마음이 아픈 것도 행복한 마음과 똑같이 소중한 감정이거든요.

　짝사랑에 미련이나 후회가 남는다면 마음을 정리하기 힘들 거예요. 그러니 상대방이 곤란하지 않고, 피해를 받지 않을

---

* 김보경, "짝사랑 가장 비참한 순간은… 다른 사람과 잘되는 걸 볼 때", 〈연합뉴스〉, 2019.4.26.

정도라면, 용기를 내어 자신의 마음을 표현해보세요. 표현 한 번 못 하고 정리하느라 미련과 후회만 남기느니 한 번쯤 용기를 내어볼 것을 권합니다. 용기가 나지 않는다면 스스로 마음을 정리하는 방법도 있어요. 종이에 내가 누군가를 좋아하는 마음이나 내가 하고 싶었던 말을 다 적어보세요. 그 후 익숙하지 않은 손으로(왼손잡이라면 오른손으로, 오른손잡이라면 왼손으로) 다른 종이에 그 사람의 입장이 되어서 답을 써보세요. 익숙하지 않은 손에서는 자신이 생각하고 쓰기보다는 무의식에 있는 대답이 나올 수 있어요.

짝사랑을 정리하기 힘들었던 해바라기가 편지를 썼어요. 편지를 쓰기 시작하니, 자신이 좋아하는 감정이 정리되면서 눈물이 나기 시작했대요. 가슴이 찢어질 듯 괴로워서 멈추고 싶었지만, 오늘은 정리해야겠다는 결심을 하고 끝까지 편지를 마쳤어요.

다 쓰고 상대의 입장에서 왼손으로 답을 썼는데, "네가 나를 좋아해줘서 고마웠다."라는 글이 나오더래요. 편지를 쓰기 전에는 상대방과 연인으로 이어질 수 없다는 생각에 슬프기만 했는데, 편지를 쓰다 보니 자신의 감정이 정리되면서 마음이 편해졌다고 합니다. 훨씬 홀가분해지고요.

눈물은 소중한 감정 표현이에요. 엘리자베스 퀴블러 로스는 "슬픈 마음이 들 때는 눈물샘이 마를 때까지 울라."라고 조언했습니다. 우는 행위를 통하여, 말로 표현할 수 없는 슬픈 마음이 정리될 수 있기 때문이지요.

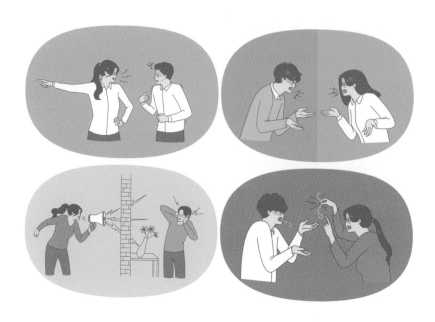

　누군가와 감정을 정리하는 일은 쉽지 않아요. 연애하다 보면 상대의 장점보다 단점이 보이기 시작하는 순간이 오게 마련인데요. 사이가 너무 가까워지면 그런 일이 일어납니다. 단점뿐만 아니라 상대가 내 의견을 존중해주지 않는 데 서운함을 느끼기도 합니다. 그러다 보면 종종 다투게 되는데요, 이는 매우 자연스러운 현상입니다.

　북미, 유럽, 한국에 있는 청소년들의 평균 연애 기간을 조사했어요. 십 대 초반에는 연애 기간이 평균 두 달 정도였어요. 십 대 후반으로 갈수록 연애 기간이 늘어났고요. 청소년기에 시작했던 관계가 어른이 되어서까지 이어지는 경우는 굉장히 드물었습니다.* 청소년기 연애는 새로운 관계를 형성하기 때문에 서툴 수밖에 없겠지요. 잘 만나는 것만큼 잘 헤어지는 것이 중요합니다.

연애 경험이 많은 〈Maroon5〉 멤버 애덤 리바인도 이별은 언제나 힘들었다면서 다음과 같이 말했어요. "인생 최대의 실수를 저질렀어. 내가 무슨 생각을 한 거지?" "다시 만날 수 없다는 것을 알면서도 또 만나고 싶은 마음이 들어. 하지만 끝난 것은 끝난 거야."† 끝난 것을 끝났다고 받아들이기까지는 시간이 필요합니다. 그 시간을 어떻게 보낼 수 있을지, 내가 더 편안해지는 방법은 무엇일지 함께 고민해요.

상대와 더는 만나고 싶지 않다는 생각이 들 때 선택지는 두 가지예요.

첫째, 계속 만나고 싶은데, 욱해서 "우리 헤어져."라고 할 때이지요. 화가 나서 내 마음을 "헤어져"라는 말로 전합니다. 이 경우는 화를 내기보다 상대에게 왜 화가 났는지 명확하게 자신의 마음을 전달해야 합니다. 화가 나서 충동적으로 헤어지자고 했다가 다시 만날 수 없게 되면 너무 속상하잖아요.

---

* Kansky J, Allen JP., "Long-Term Risks and Possible Benefits Associated with Late Adolescent Romantic Relationship Quality", 〈Journal of Youth and Adolescence〉, July.2018.
https://www.ncbi.nlm.nih.gov/pmc/articles/PMC6003846/ 참조

† 세라 오리어리 버닝햄 지음, 한경희 옮김, 《나도 로맨스가 필요해》, 우리교육, 2014, p.199.

　둘째, 더는 연애를 하고 싶지 않고, 헤어지고 싶은 경우입니다. 이런 상태라면, 짧고 간결하게 헤어지고 싶다고 이야기하세요. 헤어진다고 말할 때, 문자나 메시지를 통해서 전달하는 경우가 많은데, 되도록 만나서 얼굴을 직접 보면서 자기 마음을 전달하는 것이 좋습니다. 문자의 경우 다시 연락해야 할 수도 있고, 오해가 더 쌓이게 될 수도 있거든요.

　교실에 아이들이 여러 명 있는데, 그런 곳에서 헤어지자는 말을 들으면 기분이 어떨까요? 이별을 통보받는 것도 괴로운데, 다른 친구들이 보고 있어서 모욕감을 느낄 수도 있습니다. 그러니 헤어지자는 말을 할 때는 현명하게 처신해야 합니다.

　또 이런 경우도 있어요. 이별 후에 나는 괴로운데, 상대는 즐겁게 지내는 것을 볼 때 마음이 힘듭니다. 사우스캐롤라이나대학교 벤자민 헨킨(Benjamin L Hankin) 교수님은 청소년들이 연애 중에 싸우거나 이별했을 때, 남학생은 대체로 운동을 하거나 다른 친구들이랑 어울려 논다고 하셨어요. 상대적으로

여학생은 가만히 있으면서 우울감을 더 느끼고요.*

　남학생들은 힘들 때, 몸을 움직이면서 괴로운 마음을 해소하는 것입니다. 그런데 여학생들은 연인과 헤어진 남학생들이 운동하거나 친구들이랑 어울려 지내는 것을 보면 종종 배신감을 느낀다고 해요. 별로 힘들어 보이지 않으니까요. 하지만 이는 남녀의 반응 차이가 다른 것뿐입니다. 즉 **이별을 극복하기 위해 노력하는 방법이 다른 것**뿐이지요.

　나는 준비가 되지 않았는데, 일방적인 이별 통보를 들을

＊　세라 오리어리 버닝햄 지음, 한경희 옮김,《나도 로맨스가 필요해》, 우리교육, 2014, p.191 참조.

때도 있습니다. 마음의 준비가 되어 있지 않기에, 이별이 당황스러울 수밖에 없어요. 이때 자신의 마음이 어떤 상태인지 찬찬히 이해하면, 이별을 극복하는 데 도움이 된다고 합니다. 이런 경우 적용할 수 있는 **상실의 5단계***를 소개할게요. 바로 **부정, 분노, 타협, 우울, 수용**의 단계입니다.

첫 번째 **부정**은 이별을 받아들이지 못하고 모든 상황을 부정하면서 "안 된다"라고 하는 상황입니다. 두 번째 **분노**는 이별한 상황, 상대, 말투 등 모든 것에 화가 나는 단계에요. 세 번째는 **타협**하는 단계입니다. 상황을 받아들이려고 노력하면서 '만일~다면 어땠을까?'라는 생각도 해봅니다. 네 번째는 **우울**감에 빠지는 단계입니다. 그리고 마지막 단계는 이별에 따르는 모든 감정을 다 경험한 후 비로소 **수용**하는 단계입니다.

여러분, 슬프면 충분히 슬퍼하세요. 자신의 슬픈 마음을 알아주세요. 그리고 나서 관심을 다른 곳으로 돌려보세요.

상처 없는 이별이 있다면 얼마나 좋을까요? 그러나 좋은 이별은 있을 수 없습니다. 그 무엇도 서로 헤어지는 아픔에 비할 수는 없어요. 하지만 사람들은 종종 이별을 통해 성장합니다. "아픈 만큼 성숙해진다."라는 말도 있잖아요. 우리는 살아가는 동안 몇 번쯤 만나고 헤어짐을 경험하게 됩니다. 헤어지

---

*   상실의 5단계를 이해하고 적용하는 연습을 하면 연인과의 이별뿐 아니라, 내 마음이 너무나 슬픈 순간에도 도움이 됩니다. 반려동물이나 친구, 가족이 내 곁을 떠날 때 적용해도 도움이 되고요.
엘리자베스 퀴블러 로스·데이비드 A. 케슬러 지음, 김소향 옮김, 《상실수업》, 인빅투스, 2014, pp.26~51.

고 나면 그리움도 증폭하고요. 그런데 이때 생각해볼 점이 있습니다.

우리가 과연 '무엇을 그리워하고 있는 걸까' 하는 것입니다. 연인을 그리워하는 걸까요, 아니면 그 사람과 함께했던 즐거웠던 시간을 그리워하는 걸까요? 아마 둘 다이겠지요. 그러면서 행복했던 순간을 더는 누릴 수 없다는 데 절망하고 있을 것입니다. 슬픈 마음이 들고, 내 자신이 초라하게 느껴진다면, 나 스스로 내 마음이 어떤 상태인지 알아주어야 합니다. 감정은 내 마음의 표현이니까요. 슬픈 마음은 내 마음이 정리되는 데 시간이 필요하다는 신호랍니다.

친구들이 저에게 모태솔로라고 놀려요. 모태솔로인 게 너무나 창피해요.
모태솔로로 계속 살아도 될까요? 제가 무엇이 부족할까요?

👉 친구들이 놀릴 때 많이 속상했겠어요. 내가 어떤 반응을 해도 놀리니 어떻게 해야 좋을지 몰랐을 것 같아요. 우리는 모두 모태솔로로 태어났어요. 자신의 짝을 알고 태어나는 사람이 있을까요? 2022년 미혼 성인을 대상으로 한 설문조사에서는 평균 30퍼센트 정도가 연애 경험이 없다고 해요.* 청소년뿐 아니라 성인들에게도 연인을 만나는 일은 쉽지 않다는 것이겠지요. 연애 경험이 없다는 게 놀림을 받을 일은 아닙니다.

저보다 나이가 많은 사람과 데이트하고 있어요. 저희 반에 있는 또래들보다 성숙하고, 저를 잘 이해해줘서 좋아요. 다른 친구들도 선배랑 만난다고 부러워해요. 나이 많은 사람과 데이트하는 게 문제인가요?

👉 나이가 많다는 것이 어느 정도인지 몰라서 답변이 조심스럽네요.
인기가 많은 친구들을 떠올려보세요. 그 친구들은 같은 반 친구들이 서로 만나고 싶어서 접근하려고 할 거예요. 같은 또래에게 인정을 받지 못하는 경우 자신의 또래보다 어린 사람들에게 접근하게 되지요. 되도록 또래 친구들과의 만남을 권유하고 싶어요.

---

* MZ세대 남녀 '동상이몽' 심화…멀어지는 결혼·출산, <노컷뉴스>, 2022.
10.23. https://www.nocutnews.co.kr/news/5831770

청소년으로 할 수 있는 데이트가 무엇이 있을까요? 돈이 너무 없어서 속상해요.

👉 둘만의 데이트 리스트를 만들어보세요. 데이트 리스트에 적힌 일들을 하나둘 해보면서 만나면 좋을 것 같아요. 둘만의 소중한 추억은 돈으로는 절대 살 수 없습니다. 청소년이어서 못 하는 일이 많다고 생각하지 말고 청소년이기 때문에 할 수 있는 게 무엇일지 찾아봐요. 청소년 할인이나 청소년들이 받을 수 있는 혜택을 찾아보세요. 다음과 같이 데이트 리스트도 있어요.*

대형마트 가서 시식하기, 재래시장 구경하면서 떡볶이 사 먹기, 산책하기 아침, 저녁 함께 운동하기, 공원 가서 2인용 자전거 타기, 팔짱 끼고 공원 거닐기, 박물관 구경 가기, 대형 서점에 가서 책 보기, 헌책방 가서 재밌는 책 찾아내기, 궁궐에 가서 왕 놀이하기('중전' '마마' 하며 서로 하고 싶은 이야기 하기)

곧 50일이 다가온다며 반지를 맞추자고 해요. 돈이 없는데, 어떻게 해야 할까요?

👉 50일 동안 쌓아온 소중한 추억을 간직하고 싶군요? 반지뿐 아니라 값비싼 선물을 해주고 싶을지도 몰라요. 하지만 선물이나 반지는 내 마음을 표현하는 하나의 방식일 뿐이에요. 상대가 원하는 것을 다 해줄 필요도 없고, 상대에게 내가 원하는 것을 요구할 수도 없지요. 서로의 마음을 표현할 수 있는 정도의 선물이 좋습니다. 꼭 반지를 하고 싶다면 서로가 부담할 수 있는 선이 어느 정도인지 대화를 나누어보세요. 무슨 선물이든 예산에 맞

* "주머니 가벼운 십 대를 위한 데이트 비법", <한겨레>, 2007.10.4.

는 것이 좋아요.

처음에는 연락을 바로바로 주던 친구가 연락을 주지 않아요. 문자를 보내 놓고, 언제 답이 오나 기다리기만 해요. 마음이 식은 걸까요?

☞ 연애를 계속하고 있군요. 축하해요. 연락은 소통이지요. 연락의 문제는 연애 과정에서 흔히 겪는 일입니다. 그 친구에 대한 믿음이 있다면, 답이 오지 않아도 불안하지 않을 겁니다. 만일 불안하다면 둘 사이의 어떤 점이 불안함을 만드는 것인지 진솔하게 이야기를 나눠보세요.

마음이 삐그덕거리기 시작했다는 것은 서로에 대해 더 깊이 알 수 있는 기회가 되었다는 뜻이기도 합니다. 이때, "답이 오지 않아서 불안해. 나에게 ~해줬으면 좋겠어." 하는 식으로 대화를 시작해보세요. 연락이 안 와서 화나는 마음을 쏟아놓게 된다면, 싸움으로 이어질 수도 있겠지요. 또, 내가 상대에게 원하는 것이 무엇인지, 상대는 그것을 들어줄 수 있을지 생각해봐요. 혹시 상대가 들어주기 힘들다면, 서로 말을 하면서 타협점을 찾아봐요. 진심은 통해요.

같은 반인데 헤어졌어요. 매일 학교에 가는 것도 괴롭고, 수업시간에도 눈물이 나와서 참느라 힘들어요. 그런데 그 친구는 잘 지내는 것 같아서 더 화가 나요.

☞ 내가 슬픈데, 상대는 잘 지내고 있을 때 더 속상하지요. 소중한 추억만 떠오르고, 만날 수 없다는 사실 자체가 더 비극처럼 다가오지요. 슬플 때는 충분히 우는 것도 좋아요. 억지로 참게 되면, 더 눈물이 나올 수밖에 없거든요. 눈물을 통해서 슬픈 감정이 자연스럽게 배출될 수 있어요. 상대가 행복하게 지내는 것처럼 보이지만, 보이는 게 전부는 아닐 거예요.

물리학에는 "관성의 법칙"이 있어요. 관성의 법칙은 하던 대로 하는 것을 말해요. 내 마음이 만나는 동안에 상대를 향해 있었으니, 헤어지고서도 내 마음을 살피기보다는 상대를 살피고 있는 거예요. 이별했다면 철저히 내 마음에 집중해보세요. 내가 행복하기 위해서 할 수 있는 것은 무엇일까요? 소소하게 나를 즐겁게 하는 일들을 해봐요.

누군가 저에게 야한 농담을 했어요. 불쾌한데, 이 마음을 표현하면 저만 예민하게 반응하는 사람이 될 것 같아서 그냥 웃고 말았어요. 하지만 계속 불쾌하고 속상해요.

☞ 얼마나 불쾌했으면 계속 생각이 났을까요? 내가 민감하거나 예민한 것이 아니죠. 내 잘못은 아무것도 없어요. 상대에게 내가 불편했다는 것을 확실하게 알려야 해요. 웃으면서 말하지 말고, 명확하게 "나는 ~이 불편해."라고 전달합니다. 혼자 표현하는 것이 불편하다면, 다른 사람들에게 도움을 요청하세요. 너무 놀라거나 당황해서 아무 생각이 없을 수도 있어요(더 도움이 필요하다면, 긴급상담전화 1366으로 전화해서 상담을 받아도 좋아요. 필요한 도움이 있다면 무엇인지 안내해주실 거예요).

5장
스마트폰과 뇌과학
지배당하지 않기

스마트폰이 뇌에 미치는 영향
뇌를 발달시키는 스마트폰 사용법

"스마트폰을 많이 사용하면, 스마트폰 중독이야. 건강에 안 좋아. 뇌세포가 죽게 될지도 모른다고 하잖아. 제발 핸드폰 좀 그만해라."

스마트폰은 만지는 것만으로 Covid-19 바이러스처럼 우리 몸에 해로운 영향을 미칠까요? 이 질문에는 모두가 "그건 당연히 아니지."라고 대답할 겁니다. 그런데 왜 이렇게 스마트폰 사용 자체가 문제가 되고 있을까요?

스마트폰은 일상생활에 없어서는 안 될 유용한 도구입니다. 아침에 일어날 때 알람을 듣고, 날씨를 확인하며 학교에 갈 때 우산을 챙길지 말지 검색하지요. 샤워하면서 음악을 듣고, 친구들과 연락하고, 재미난 영상을 보고, 웹툰을 보는 데 사용합니다. 영어 공부를 재미있게 해주는 어플의 도움으로 단어 외우기도 할 수 있고, 맞춤법 퀴즈를 풀면서 우리말 공부도 할 수 있어요. 물론 더 많은 친구는 게임을 하기 좋아서 스마트폰을 쓰겠지요? 그러니 스마트폰 자체는 총이나 칼처럼 문제가 되는 도구가 아닙니다.

그럼 도대체 왜 다들 스마트폰의 위험성을 경고하는 걸까요? 똘똘이가 숙제를 하겠다고 마음먹고 책상에 앉았습니다. 스마트폰으로 음악을 들으면서 공부하면 집중이 더 잘 되거든 요. 똘똘이는 자신이 만들어둔 플레이리스트에서 좋아하는 곡 들이 랜덤으로 재생되도록 하고 책상 위에 올려두었습니다. 음 악을 들으며 문제를 풀기 시작하는데, 친구에게 메시지가 왔어 요. 답글을 달아주면서 몇 번 이야기를 주고받다 보니 시간이 훌쩍 지나갔네요. 숙제를 다 끝내지 못했습니다. 똘똘이는 '오 늘은 못 했지만, 내일 학교 가서 쉬는 시간에 하면 되지.'라고 생각했지요.

그런데 그다음 날에도 똘똘이는 마음먹은 대로 숙제를 끝 내지 못했습니다. 친구들과 놀고 싶은 것도 꾹 참고 열심히 했 지만, 마무리하지는 못했어요. 똘똘이는 공부하고 싶은 의지가 강한 친구입니다. 공부하고 싶은 마음만큼은 우주최강이었는 데, 책상 앞에만 앉으면 스마트폰을 들여다보느라 공부에 집중 하는 게 힘들었어요.

의지를 가지고 공부하고 싶은데, 마음처럼 잘되지 않으니 똘똘이는 너무나 답답합니다. 어른들 말씀처럼 스마트폰을 너무 많이 사용해서 머리도 나빠지고 그 바람에 결국 공부를 못하게 되는 걸까요? 결론부터 말하자면 그럴 수도 있고, 안 그럴 수도 있습니다.

2021년 여성가족부에서는 "청소년 인터넷, 스마트폰 이용 습관 진단 조사"를 실시했습니다. 그 결과에 따르면 25퍼센트 정도의 청소년들이 의존적으로 인터넷과 스마트폰을 사용한다고 했어요. 네 명 중의 한 명은 스마트폰 없이는 살 수 없을 만큼 의존도가 심각했습니다. 스마트폰이 주변에 없으면 불안한 것이지요. 이런 현상은 비단 똘똘이만 겪는 어려움이 아닙니다. 청소년 대다수가 "스마트폰 없이는 살 수 없어요. 통제력을 가지고 스마트폰을 이용하는 게 쉽지 않아요."라고 고민을 털어놓습니다.

많은 뇌 과학자들이 스마트폰 사용과 "보상작용"에 대하여 이야기합니다. 보상작용은 스마트폰을 통해 우리가 즉각적인 재미를 제공받는 것을 뜻합니다. SNS로 친구들과 소통하고, 웹툰을 보고, 드라마를 감상하고, 게임도 할 수 있으니 얼마나 편하고 좋아요? 정말이지 스마트폰을 손에서 놓기가 힘들어집니다. 스마폰 하나만 있으면 손쉽게 즐거움을 경험할 수 있잖아요? 이 재미를 느끼라고, 뇌에서는 계속 스마트폰을 손에 넣으라고 하는 것입니다.

영희는 시간 가는 줄 모르고 유튜브를 봤어요. 유튜브가 재미있기 때문이죠. 뇌에서 일어나는 당연한 현상이에요. 뇌는 우리가 흥미를 느낄 때, 도파민이라는 신경전달물질을 발생시킵니다. 도파민은 우리에게 기쁨과 만족감을 느끼게 해주는 신경전달물질이에요. 그러니 유튜브를 보면서 재미를 느끼면 도파민이 나오겠지요.

문제는 도파민이 나를 재미있게 해주려고 '다시 시도'하는 시스템을 만든다는 점입니다. 뇌에 반복적인 행동을 하게 해서 점점 더 흥분하게 만드는 거예요. 충동적으로 스마트폰을 반복해서 사용하게끔요. 즉 도파민은 내가 더 즐거울 수 있도록, 내가 지금보다 더 재미난 것을 찾아가도록 자극하고 흥분시킵니다. 그래서 우리는 점점 더 자극적이고 흥미로운 영상을 찾게 되는 것이지요.

과거의 컴퓨터 게임은 굉장히 단순했습니다. 그런데 사람들은 어딘가에 익숙해지면 곧 흥미를 잃게 마련이잖아요? 그래서 개발자들은 '레벨'을 만들었어요. 레벨을 넘어가서 만나는 또 다른 자극 지점을 깨고 싶게 만들죠. 네, 중독되게 하는 것입니다. 뇌는 즉각적인 보상작용에 더 민감하게 반응하기 때문에, 우리는 즉각적인 반응을 일으키는 스마트폰에 중독되기 더 쉽습니다. 도파민이 우리를 스마트폰에서 헤어나올 수 없게 만드는 과정이랍니다.

도파민이 스마트폰에 중독되는 데 큰 몫을 했다면, 도파민은 중독을 일으키는 나쁜 물질일까요? 꼭 그렇지만은 않습니다. 다행히도 도파민은 '행복 호르몬'이라는 별명이 있을 정도로 인간에게 만족감을 느끼게 해줍니다. "느린 만족감"으로도 만족감을 느낀다면, 뇌에서는 그 만족감을 얻기 위해 노력하게 되겠지요.

느린 만족감은 스마트폰을 이용할 때처럼 즉각적인 만족 감을 느끼는 게 아니라 운동이나 공부와 같이 내가 열심히 노력해야 얻을 수 있는 만족감입니다. 그래서 운동을 열심히 하는 사람들에게서 도파민이 나옵니다. 운동을 하면 할수록 쾌감이 생겨서 더 운동하고 싶게 만드는 것이지요.

똑똑이나 영희가 머리가 나빠서 집중력을 잃었고 그래서 계속 스마트폰을 하게 된 건 아닙니다. 우선 스마트폰이 너무나 재미있어서 자제력을 잃게 된 것입니다. 이에 관련된 흥미로운 실험을 하나 볼까요?

2019년 KBS 〈시사기획 창〉 제작팀에서는 스마트폰이 청소년의 뇌에 영향을 미치는지 알아보기 위해 실험을 합니다. 70일간 스마트폰 사용을 절제해서 사용한 청소년들의 뇌와 스마트폰을 원하는 대로 사용한 청소년들의 뇌를 비교 관찰한 것입니다.

절제하는 팀에 속한 청소년들은 70일 동안 평일에는 스마트폰뿐 아니라, 다른 미디어기기들을 하루에 1시간씩, 주말에는 2시간씩만 사용했고, 급한 연락은 2G폰을 사용했어요.

반면, 스마트폰을 원래대로 사용했던 청소년들은 큰 변화 없이 평소처럼 스마트폰을 사용했지요. 밥을 먹을 때도 스마트폰을 볼 정도로 중독성이 강했던 친구들에겐 폰 사용 절제가 너무도 어려운 과제였지요. 마치 어른들이 금연을 시작할 때 겪는 금단 현상처럼 아이들은 실험 초기에 무척이나 괴로워했습니다. 스마트폰으로 했던 게임이나 메신저를 할 수 없으니, 심심해졌다고 해요. 뿐만 아니라 스마트폰이 아닌 할머니 할아버지들이 사용하시는 2G폰을 꺼내서 공공장소에서 전화하는 게 창피하다고 느꼈어요. 때로는 이 프로젝트를 포기하고 싶어지기도 했습니다. 그런데 차츰 스마트폰을 덜 사용하는 데 익숙해지면서 "시간이 많아졌다."라고 느끼게 됩니다. 자연스럽게 부모님과 대화하는 시간도 늘어났고, 산책도 많이 하게 되었다고 했어요.

스마트폰을 절제해서 사용했던 그룹과 스마트폰을 평소처럼 사용했던 그룹의 뇌 전두엽 활성화 사진이 나왔어요. 전두엽은 뇌의 중앙제어장치 같은 부위입니다. 인간의 판단, 기억을 담당하는 곳으로 컴퓨터의 CPU 같은 기능을 합니다.

스마트폰을 절제해서 사용했던 팀들은 전두엽 부분이 노란색으로 찍혔고, 평소처럼 사용했던 팀은 파란색으로 찍혔습니다. 노란색은 에너지를 덜 썼다는 의미이고, 파란색은 에너지를 많이 사용했다는 것입니다. 스마트폰을 절제했던 팀은 문제를 해결하기 위해 뇌를 효율적으로 썼다는 것이지요. 반면, 스마트폰을 평소처럼 사용했던 팀은 뇌가 에너지를 많이 사용해서 문제를 해결했다는 뜻입니다.

스마트폰을 절제해서 사용했던 팀은 어떡해서 에너지를 덜 사용하게 되었을까요? 자신이 문제를 해결하기 위해 노력한 것이 아니라, 자연스럽게 집중해서 풀 수 있었기 때문입니다. 결국 스마트폰을 절제해서 사용한 것만으로 **자기조절능력과 충동 억제 능력이 향상**된 것입니다. 70일 동안 자신이 원하는 것에 자연스럽게 집중할 수 있는 능력이 생겼다는 뜻이고, 이는 곧 뇌를 효율적으로 사용하게 되었다는 뜻입니다.

놀랍지요? 스마트폰을 70일 정도만 절제해서 사용했는데도 뇌가 급격하게 변했으니 말입니다. 이 모두 청소년기가 뇌 발달이 급격히 일어나는 시기인 덕분입니다. 그러니 조금이라도 절제해서 스마트폰을 사용한다면, 뇌가 발달하는 데 큰 도움을 얻을 수 있겠죠?

스마트폰 사용이 무조건 나쁘다는 말은 아닙니다. 적절하게만 사용하면 다른 사람들과 소통하는 데 도움을 받고, 자신의 관심사를 즐기고, 또 여가 시간을 활용할 수도 있습니다. 이외에도 스마트폰을 이용해서 흥미를 둔 공부까지 해낼 수 있다면 더할 나위 없겠지요? 공부란 꼭 학교에서 말하는 국영수 중심의 공부 말고도 다양한 것들이 있으니까요.

어떤 음악 전문가는 스마트폰 하나로 웬만한 미디 음악은 작곡해낼 수 있다고 말했습니다. 실제로 작곡에 들어가기 전까지 기본적인 음악 공부를 충실하게 한다면, 스마트폰을 이용해서도 얼마든지 작곡할 수 있다고 하네요.

여러분도 앱을 다운해서 시도해볼 수 있을 텐데요. 하지만 스스로 작곡하여 곡을 하나 완성하기까지는 여러 공부가 필요합니다. 앱은 여러 가지 악기들을 대신 연주해줄 뿐이지, 악보는 내가 만들어야 하잖아요? 그러니 악보를 만들기 위한 기초적인 작곡 공부가 꼭 필요하겠지요.

내가 작곡 앱을 활용해야 하는데, 스마트폰에 중독되었다면 어떤 일이 벌어질까요? SNS나 메신저 알림이 울렸다면, '한 번만 확인하고 집중해서 작곡해야지.' 하고 마음먹을 테지만, 중독된 앱들을 조금씩 이용하다 보면, 정작 하고 싶은 작곡은 하기 힘들어집니다. 스마트폰에 중독되면 자기 통제 능력을 잃게 되기 때문이에요.

내가 진짜 원하는 것이 생겼을 때, 스마트폰에 빠져 못 하게 될 수도 있습니다. 청소년기에는 충동적으로 반응하기가 더 쉬운데, 스마트폰은 종종 여러분이 자제력을 잃고 충동적으로 반응하게 하거든요.

공부하기가 힘든 이유는 공부는 스마트폰처럼 즉각적인 즐거움을 주지 않기 때문이지요. 스마트폰을 사용할 때와 공부할 때의 뇌는 다르게 활성화됩니다. 스마트폰을 사용할 때의 뇌는 즉각적 보상작용이 일어난다는 것을 알고 있기에, 스마트폰 할 생각만 해도 즐거워지거나 마음이 편안해집니다. 반면, 공부할 때는 끊임없이 노력해야 한다는 생각이 먼저 들기 때문에 마음이 힘들어질 수밖에 없어요. 그러니 공부를 통해서는 쉬운 보상을 얻기 힘듭니다. 공부는 꾸준하게 노력해야 결과가 나오잖아요.

스마트폰에 중독될수록 자기 통제력을 갖기가 힘들어져요. 공부만큼 자기 통제력이 중요한 영역은 없습니다. 하지만 공부가 힘든 것만은 아니지요? 모르는 것을 알게 되거나 도전했던 문제를 풀게 되거나 하면 엄청 뿌듯하잖아요? 또 내가 원하는 성적을 받게 되면 그 성취감은 말할 수 없이 크고요. 이러한 기쁨은 스마트폰이 주는 일시적 즐거움과는 비교할 수 없습니다.

물론 공부는 힘들어요. 더구나 스마트폰을 손에 쥐고 공부에 몰두하기란 너무나 어려운 도전입니다. 하지만 공부하는 과정을 통해서 우리는 자기 통제력을 기를 수 있습니다. 그리고 이렇게 해서 통제력을 갖게 되면 자기 삶에서 주인공으로 살아갈 수 있습니다.

자기 통제력은 자신이 하고 싶은 것을 억압하는 것과는 달라요. 스마트폰을 아예 사용하지 못하도록 옥죌 필요도 없어요. 스마트폰으로 친구들과 소통하고, 게임을 하는 것도 중요합니다. 하지만 자신이 해야 할 일이 있고, 얼굴을 마주하고 이야기할 사람이 있는데도 스마트폰을 손에서 놓지 않는다면, 이는 자기 통제력을 상실한 사람의 모습일 뿐입니다.

스마트폰을 사용한다고 해서 뇌세포가 즉각 죽어버리는 건 아니에요. 그러나 분명한 것은 뇌가 발달하는 속도에 영향을 미친다는 점입니다. 다른 취미활동은 하지 않고 스마트폰만 사용했을 때 도파민만 잔뜩 발생되어 '자기 통제력'을 잃게 되는 배경입니다. 그러나 우리에겐 다행히도 도파민을 긍정적으로 사용할 기회가 얼마든지 있습니다.

통제력을 가지고 스마트폰을 사용하고 싶나요? 내 삶을

내가 원하는 대로 만들어가고 성취하고 싶지요? 바로 그 마음이 중요한 것입니다. 스마트폰은 여러분의 도구이지 주인이 아니라는 점을 꼭 기억해요. 스마트폰이 내 삶의 목적이 되게 하지는 말아야겠죠?

스마트폰을 절제하는
환경 만들기
스마트폰과 중독

왜 인간은 중독에서 벗어나기 힘들까요? '국제 정신건강 및 중독저널' 한콕스 교수님은 "어린 시절 텔레비전을 많이 보는 것도 중독의 일종으로 한번 중독이 생기면 성인이 됐을 때 다른 중독 증상이 나타날 수 있다."라고 하셨어요.* 텔레비전 중독에서 벗어났다고 해서 다른 중독까지 예방할 수 있다는 건 아니라는 뜻입니다. 다른 데 중독될 확률이 높다는 말이지요. 인간은 그만큼 중독에 취약하다는 뜻이기도 합니다.

요한 하리(Johann Hari) 작가는 마음을 통제할 수 없는 우울감을 겪었대요.† 그는 청소년기에 힘든 일을 겪었어요. 정신을 통제하지 못하는 것도 자신이 나약하기 때문이라고 생각했고요. 그런 자신을 받아들이기가 쉽지 않았기에 우울감도 계속

---

* 이해나, "TV 많이 보는 아이, 커서 '도박 중독' 위험", 〈조선일보〉, 2022. 11.30.
† 요한 하리, "당신이 중독에 관해 안다고 생각하는 모든 것은 잘못되었습니다.", 〈Ted Talk〉, 2015.6.

되었다고 합니다.

혹시 여러분도 "내 마음이 내 마음 같지 않다."라고 느낄 때가 있나요? 요한 하리 작가는 자신의 우울감을 극복하기 위해서 우울감을 연구했습니다. 어떤 연구 결과가 나왔을까요? 자기 자신이 나약하다고 생각했는데, 결과는 달랐습니다. 우울감은 의지가 약하기 때문에 생기는 것도 아니고, 자기 통제 능력이 없어서 생기는 것도 아니라고 했습니다.

우울감은 단절된 관계에서 느끼는 외로움 때문에 생겨나는 것입니다. 다양한 중독 증상도 마찬가지입니다. 술이나 마약 같은 심각한 중독부터 스마트폰 중독에 이르기까지 **거의 모든 중독은 '관계 단절'로부터 시작된다**는 것입니다. 이를 증명하는 일명 '쥐공원 실험'이 있습니다.

'쥐공원 실험'은 캐나다 벤쿠버의 브루스 알렉산더(Bruce K. Alexander) 교수님이 하셨어요. 교수님은 이 실험을 통해 중독에 관한 새로운 관점을 알려주었습니다. 과거에는 많은 학자가 중독되는 물질이 무조건 위험하다고만 말했는데 말이에요. 자, 브루스 교수님의 실험을 소개할게요.

실험 상자 안에 중독성이 강한 약이 담긴 물병과 그냥 물만 담긴 물병을 넣어두었어요. 많은 쥐가 실험 상자 안에 든 약에 중독되어 죽었습니다. 중독성이 있는 약은 위험한 것이라고 결론을 내렸지요. 그런데 브루스 알렉산더 교수님은 이 실험에 의문을 제기했어요. 상자 안에 달랑 물병들만 있으니까 쥐들이 결국 물을 먹고 죽은 건 아닐까, 하고요. 그래서 이번에는 상자에 과거 실험과 마찬가지로 똑같이 물병 두 개를 넣고, 쥐들이 좋아하는 치즈도 집어넣고, 미끄럼틀 같은 놀이터도 함께 만들어 넣어주었대요. 쥐들이 즐겁게 지낼 수 있는 환경을 만든 것이지요. 그러자 쥐들은 중독성이 강한 물을 마시긴 했으나 또다시 그 물을 마시지는 않았기에 중독은 되지 않았다고 합니다.

왜 그럴까요? 중독된 물을 마시는 것보다, 맛있게 먹을 간식이 있었고, 충분한 놀거리가 풍부했기 때문이지요. 쥐들에게는 즐겁게 지낼 수 있는 환경이 있었어요. 이 실험은 중독성 있는 약 자체가 문제가 아니라, 물밖에는 마실 게 없는 **환경** 때문에 쥐가 더 쉽게 중독되었다는 것을 말해줍니다.

이 실험은 쥐에게만 적용될까요? 인간도 마찬가지예요. 중독성이 강한 약물이 치료에 사용될 때 여기에 중독되는 사람은 없어요. 네덜란드의 피터 코헨(Peter Cohen) 교수님은 "중독되기를 원하는 사람은 없다."라고 말했습니다. 그러고는 "인간은 다른 사람들과 교류하고 싶은 욕구가 있고, 행복하고 건강할 때 친구들과 어울려서 지내기를 원한다. 반면 정신적으로 큰 충격이나 스트레스를 받으면, 편안한 마음을 되찾기 위해서 누구나 본능적으로 노력한다."라고 덧붙여 강조했습니다. 중독에 노출된 사람들은, 말하자면, 상자에 약이 담긴 물병과 그냥 물이 담긴 물병만 있는 환경이어서 물만 먹다가 죽게 된 '쥐실험'의 쥐와 같은 상황에 놓였다는 것입니다.

저는 이 실험 결과를 보고, 가슴이 철렁 내려앉았어요. 무

엇인가에 **중독된다는 것은 곧 삶이 어렵고 고통스럽다는 증거이**
니까요.

스마트폰을 하는 순간만큼은 즐겁고, 현실 속에서 어려웠던 것은 잊어버릴 수 있지요. 숙제하기 싫을 때, 스마트폰을 손에 쥐면 시간을 즐기며 보낼 수 있습니다. 거꾸로 생각해볼까요? 공부하면 힘든데 스마트폰을 하면 재미있고 신나니까 우선순위를 거기 두는 것이기도 하죠. 사실 이런 행동은 생존하기 위한 기본 욕구이자 본능입니다. 일종의 생존전략이에요. 게다가 스마트폰만큼 내가 원하는 재미나 정보를 바로 줄 수 있는 물건은 없잖아요.

여러분이 만일 숙제하려고 책상까지 왔다가 그만 스마트폰을 잡고 거기에 빠져 있다는 것은 그만큼 스트레스를 받고 있다는 겁니다. 그럴 때는 잠시 스트레스를 내려놓으세요. 이렇게 스마트폰과 노는 것을 우선하는 상황은 종종 누구에게나 나타나는데요, 이는 한편으로 '스마트폰밖에 할 것이 없다.'라는 뜻이기도 합니다. 하지만 곰곰이 생각해보면 스마트폰만 나에게 즐거움을 줄 수 있는 건 아닙니다. 쥐공원 실험에서 본 것처럼, 일상에서 즐길 수 있는 환경을 다양하게 만들면 됩니다.

에디슨은 전구를 발명하면서 수없이 실패했습니다. 하지만 그럴 때마다 그는 낙심하고 우울해하는 대신 "나는 전구를 제대로 켜지 못하는 또 하나의 방법을 알아낸 것이다."라고 생각했대요. 우리도 그동안 스마트폰 앞에만 서면 자제력을 잃어버리는 경험밖에 못 해서 그런 것인지도 모릅니다. 해결 방법

은 간단합니다. 이제부터 자제력을 기르는 시스템을 만들면 되어요. 스마트폰보다 재미있는 것을 찾아내고, 내가 원하는 것을 이뤄낼 수 있는 환경을 만드는 방법은 무엇일까요?

첫째, 스마트폰은 내가 어려운 일을 해냈을 때, **상을 주듯 사용해보아요.** 유튜버 뇌부자는 중독에서 벗어나는 방법으로 "뇌에 주는 보상으로 스마트폰을 사용하라."라고 권했습니다.

내가 30분 공부했다면, 10분 정도만 스마트폰을 사용합니다. 자기 스스로에게 상을 주듯, 스마트폰을 이용하는 것이지요. 이렇게 되면 '자기 통제력'이 생길 뿐 아니라 공부에 집중할 수 있는 능력도 생깁니다.

공부할 때는 스마트폰을 방에 두지 말고 다른 방에 두는 것도 좋은 방법입니다. 특히 책상 위에는 폰을 올려놓지 말아야 해요. 통제력이 좋은 사람이라 공부에 집중하는 데 별문제가 없다고 해도 눈앞에 놓인 폰을 보면 자동적으로 "하고 싶다"와 "안 해야지"라는 생각이 들게 마련입니다.

폰을 다른 곳에 두는 것은 이런 생각조차 들지 않도록 공부 환경을 조성하자는 뜻이랍니다. 자전거를 탈 때 누군가 뒤에서 잡아당기면 힘을 더 많이 주어야 앞으로 나아가는 원리와 같아요. 우리의 뇌는 쓸 수 있는 에너지가 한정되어 있어요. 공부하기도 힘든데, 여기에 "다른 생각 말고 공부에 집중해야지." 하는 생각까지 한다면, 뇌는 한 번 더 일을 해야 하는 셈입니다.

스마트폰이 근처에 있어서 눈에 들어온다면, 뇌를 효율적으로 사용하지 못하게 되지요. 내 주변에 스마트폰을 두지 않는다면, '내가 신경을 쓰지 말아야지.'라는 생각조차 하지 않기 때문에, 내가 더 몰두하게 되겠지요.

둘째, **내 몸을 자주 움직입니다.** 우리의 몸은 움직일수록 즐거워질 수밖에 없대요. 스마트폰은 워낙 놀거리를 많이 제공해 주니까 자꾸만 손에 넣게 되는데, 문제는 이걸 할 때는 몸을 움직일 필요가 없다는 점입니다. 안데르스 한센(Anders Hansen) 정신과 의사 선생님은 《인스타브레인》*이라는 책에서 스마트폰이 인간의 활동량을 급격히 감소시키고, 잠을 덜 자게 만들

* 안데르스 한센 지음, 김아영 옮김, 《인스타브레인》, 동양북스, 2020.

었다고 지적했어요. 그로 인하여 인간의 집중력이 감소했고, 스트레스는 더 늘어나게 되었다고 합니다.

다행히도 몸을 움직이게 되면, 집중력은 향상될 수 있다고 해요. 초등학교 학생들에게 6분 정도씩만 꾸준히 움직이게 했더니, 집중력이 높아졌다고 합니다. ADHD를 겪고 있는 사람들에게도 5분씩 달리기를 하게 하니 집중하는 시간이 늘어나게 되었다는군요.

방에서 내가 좋아하는 음악을 틀어놓고 눈을 감고 춤을 춰봐요. 눈이 쉬게 되면, 뇌도 쉴 수 있대요. 무용가 최보결 선생님께서는 꼬리뼈를 흔들거리는 '꼬리춤'을 추어보라고 권합니다. 꼬리뼈 위에 있는 뼈인 천골 주변의 부교감 신경이 편안해지기 때문이지요. 꼬리춤은 천골의 움직임이 극대화되기 때문에 기분이 빠르게 좋아집니다. 그래서 강아지가 기분 좋으면 꼬리를 흔드나 봐요.

그런데 현대인들은 대부분 앉아서 일하고 앉아서 생활하다 보니 세로토닌이 분비되기 힘들어요. 그렇다고 해서 가만히 있을 수만은 없죠? 내가 좋아하는 음악에 맞춰서 몸을 움직이

는 것만으로 내 몸에 행복 호르몬이 샘솟게 될 거예요. 내 몸이 스마트폰보다 즐거운 일들을 경험하게 해주는 거죠. 몸에 즐거운 기억을 계속 만들어주면, 몸은 그 기억을 기억하게 되겠지요?

셋째, 자신이 스스로 통제할 수 있는 환경을 만들어요. 고무줄 두 개를 스마트폰에 감아요. 케빈 루스(Kevin Roose) 작가는 스마트폰에 중독되어서 도무지 안 되겠다, 라고 생각하면서 사용 시간을 줄이기로 결심했어요. 어느 날 스마트폰이 자기 삶의 주인이고 자신이 하인처럼 느껴졌대요. 스마트폰에 통제받는 삶을 사는 것이 아니라 자신이 폰을 통제한다는 걸 스스로 증명하고 싶었던 거죠. 그래서 고무줄 두 개를 스마트폰에 감았대요.* 스마트폰을 고무줄로 감아서 사용하기 불편한 환경을 만드는 것이지요. 그랬더니 나도 모르게 휴대폰을 사용하고 있을 때가 언제인지 인지하게 되었대요.

폰에 고무줄을 감는 것처럼 스마트폰 사용을 물리적으로 어렵게 만드는 방법이 또 하나 있어요. 중독이의 사례를 살펴볼게요. 스마트폰에 중독되었던 중독이가 있었는데, 부모님이 앱으로 제한을 걸어두었어요. 하지만 중독이는 인터넷에서 앱 제한을 해지하는 방법을 찾아 몰폰(몰래폰)을 했고 나중에 부모님께 딱 걸렸습니다.

---

* 케빈 루스 지음, 김미정 옮김, 《퓨처프루프》, 쌤앤파커스, 2022, pp.139~ 141.

타인이 강제적으로 스마트폰을 빼앗는 방법으로 접근하면 이처럼 내가 그 폰을 찾기 위해 적극적으로 노력하게 됩니다. 부모님이 중독이를 위해서 하는 행동이라고 해도, 중독이는 부모님이 나를 위해 노력하시는구나, 라고 생각하기는 힘들어요. 도리어 부모님은 나의 즐거움을 빼앗은 사람이라고 판단하게 됩니다. 자신이 하고 싶은 것을 못 하게 되면, 더 강력하게 찾아야겠다는 마음이 앞서게 마련입니다. 그래서 내가 더 적극적으로 쟁취하는 방법을 찾게 되지요.

　　부모님과 여러 다툼을 겪었던 중독이의 끈기가 저에게는 대단해 보이더라고요. 부모님이 스마트폰을 사용하지 못하게 앱으로 막아두셔도, 중독이는 자신이 스마트폰을 할 수 있는 방법을 끝까지 찾아냈어요. 자신이 하고자 하는 목표가 정확하니까 인터넷으로 조사하여 절제 앱의 비밀번호를 푸는 방법까지 알아낸 거잖아요.

　　대단하죠? 이렇게 사람들은 정말 원하는 것, 혹은 하고 싶은 것이 있으면 물불을 가리지 않고 도전하나 봅니다. 여러분에게도 도전해서 얻고 싶은 것이 있죠? 스마트폰 잠금 앱 비밀번호를 풀기 위해 노력했던 것처럼 노력할 수 있는 무언가가 있다면, 지금 바로 시도해보세요.

　　스마트폰을 절제한 청소년과 무제한으로 사용한 청소년들의 삶에 드러난 자기 통제력에는 확연한 차이가 있었습니다. 스마트폰을 절제했던 청소년들은 고된 훈련의 과정을 겪었기 때문에, 앞으로 어려운 일이 닥쳐도 헤쳐 나갈 수 있는 문제해결 능력이 향상되었습니다. 청소년들에게 스마트폰을 절제하는 것만큼 두려운 일이 없기에 더 두려운 일이 혹여 삶에서 닥친다고 해도, 충분히 이겨낼 수 있을 겁니다.

지금 당장 스마트폰 사용 시간을 줄이기는 힘들겠지만, 할 수 있는 한에서 하나둘 시도해본다면, 머지않아 나의 통제 능력도 몇 배 향상되겠지요?

[속닥속닥 💬 스마트폰 절제하는 환경 만들기]

스마트폰을 절제하는 환경을 만들기 위해서 내가 할 수 있는 일이 무엇일지, 다음의 질문들을 통해서 찾아보도록 해요. 내가 스마트폰을 절제할 수 있는 환경을 만들기 위해서 내가 기꺼이 시도해볼 수 있는 방법을 찾았으면 좋겠어요. 하루 종일 절제하는 것이 아니라, 하루 1분씩이라도 시도해볼 수 있는 방법을 찾아봅니다.

1. 스마트폰 사용 진단하기

- 나는 스마트폰을 어떻게 사용하고 있나요?
- 평균적으로 하루에 얼마나 사용하고 있나요?
- 주로 언제 사용하나요?

2. 도전

내가 스마트폰을 절제해서 한다면, 나는 무엇을 할 수 있을까요?

예) 친구들과 수다를 떨 시간을 얻게 된다.

그림을 그릴 여유가 생긴다.

멍때리면서 생각할 수 있다.

3. 목표

스마트폰 사용을 절제해서 꼭 이루고 싶은 목표가 있나요?

예) 친구들과 춤을 춰본다.

키가 클 수 있는 운동을 시도해본다.

4. 함께할 사람이나 도움을 요청할 사람

내가 스마트폰을 절제하려고 노력할 때, 함께할 수 있는 친구나 가족은 누구인가요? 혼자 한다면 내 의지가 강해도 지키기가 힘들 수 있어요. 다음과 같이 리스트를 작성해보도록 해요.

혹은 한 명에게 다음과 같이 말할 수 있어요.

"(친구 OO)야! 나는 스마트폰 없이는 즐거운 일도 없어. 그래서 일주일 동안 스마트폰 이외에 재미있는 일이 있는지 찾아보려고 해. 스마트폰 없이 재미있는 일이 있다면 무엇이 있을지, 너도 알려주면 좋겠어.

누구와	무엇을
친구 A	함께 2G폰을 한 달간만 쓴다.
친구 B	
가족	일주일에 1시간씩 가족들과 스마트폰을 놓고 산책을 한다.

5. 시스템 구축하기

부모님이나 다른 사람이 내 생활을 통제하려고 한다면, 실천하기 어려워요. 내가 스마트폰을 실천할 수 있는 환경을 조성하는 것이 중요해요. 스마트폰을 자제할 수 있는 환경을 만들기 위해서, 내가 할 수 있는 일이 있다면 구체적으로 무엇이 있을까요?

예) 앱 다이어트 하기

휴대폰 알람 꺼 두기

2G폰을 사용하기

페메나 카톡 같은 메신저 확인을 컴퓨터로만 하기

6. 스마트폰 앱 다이어트하기

스마트폰 앱 다이어트를 해보도록 해요. 아래에 도움이 되는 앱과 도움이 되지 않는 앱이 무엇인지 작성해보고, 그 이유도 적어보도록 해요.

도움이 되는 앱 이름	그 이유

도움이 되지 않는 앱	그 이유

7. 축하하기

위의 항목들을 한 번이라도 실천해보고, 다음을 생각해봐요.

1) 내가 새롭게 시도했던 일은 무엇이었나요?

2) 스스로에게 하고 싶은 칭찬이나 축하의 말은 무엇인가요?

3) 조금 아쉬웠던 일이 있다면, 무엇일까요?

4) 이를 극복하기 위해서 조금이라도 다르게 시도할 수 있는 일은 무엇인
   가요?

게임이 없는 하루
스마트폰을 스마트하게 사용하기

심심이는 스마트폰을 절제해야겠다고 결심했어요. 스마트폰에 '넌 얼마나 쓰니'라는 앱을 깔아서 사용량을 보니, 쉬는 시간의 대부분을 스마트폰에만 사용한다는 것을 알게 되었기 때문이지요. 사실 스마트폰을 영어단어 외우기 때문에 쓴다고 했는데, 정작 사용량을 확인해보니, 영어단어 외우는 데엔 5퍼센트밖에 쓰지 않았더라고요. 친구들과 메시지를 주고받거나 SNS을 사용하는 데 50퍼센트 이상 썼거든요.

심심이는 우선 스마트폰 알림음을 꺼두기로 했습니다. 그런데 이상하게도 스마트폰 진동이 계속 느껴지는 거예요. 확인해보니 알림이 온 게 하나도 없었어요. 절제한다고 마음먹긴 했지만 막상 스마트폰을 멀리하니 너무나 심심해서 견딜 수가 없었습니다. 얼마 뒤부터는 막 짜증까지 나기 시작했어요. 결국 심심이는 '내가 절제해서 스마트폰을 사용하면 되지 않을까?'라면서 자신과 타협하기 시작했습니다. 그러면서 스마트폰을 조금 더 스마트하게 사용하는 방법으로 어떤 것이 있을지 고민해보았습니다.

심심이는 다양한 방법을 시도했어요. 핸드폰을 얼마나 사용하는지 알아보는 앱을 깔았다는 것 자체가 실제로 놀라운 변화잖아요? 그렇게 사용량만 확인하고 무시할 수도 있는데, 심심이는 실제로 알림음을 꺼두었습니다. 이 또한 놀라운 발전이지요. 자신과 타협하기 시작했다고 해서 "거 봐, 얼마나 가겠어?" 하면서 포기하기에는 이릅니다. 시도조차 하지 않는 사람도 많잖아요? 그러니 이런 결심을 하고, 한 발 내디뎌본 자신을 칭찬해줘야 해요. 이렇게 욕망을 절제하다 보면, 심심이처럼 가짜 알람을 느낀다거나 너무나 무료해서 견딜 수 없는 상황을 경험하게 되는데요, 이건 누구나 겪는 현상입니다. 여러분의 뇌는 이미 스마트폰을 적극 사용하는 뇌 회로를 활성화하는 데 익숙하답니다. 너무나 익숙한 방식이기에 별로 심각하게 생각하지 않아도 자동으로 반응하는 거죠.

반면 새로운 일을 하게 되면 뇌도 무엇을 어떻게 해야 할지 막막한 상태에 놓입니다. 저는 심심이에게 스마트폰 이외에 좋아하는 것이 무엇인지 물었어요. 심심이는 하나도 없다고 했어요. 그랬으니 더 심심하고 막막했을 것 같아요. 좋아하는 다른 것을 찾지 못했으니까요.

스마트폰을 사용하지 않아서, 심심하고 지루함이 몰려올 때가 있나요? 그럴 때는 내가 스마트폰을 사용하고 싶어 한다는 마음을 먼저 알아주세요. 내 몸이 '심심하니까 즐거움을 찾으라.'라는 신호에 응답하여 도파민을 발생시켰다는 것을요. 도파민을 발생시킨다는 것은 새로운 자극을 원한다는 뜻입니다. 그러니, 이 신호를 알아차리는 것이 정말 중요하겠죠?

자, 그러면 어떻게 지루함을 견디면서 즐거움을 찾을 수 있을까요?

첫째, **심심하고 지루한 상태를 견뎌봅니다.** 말이 쉽지, 정말 가능할까요? 버지니아대학교에서 '멍때리기' 실험을 했는데요. 멍때리기를 10분 정도 하면서 심심하다면, 몸에 전기충격을 가할 수 있는 옵션을 택할 수 있습니다. 대부분의 사람은 전기충격 옵션을 선택했다고 해요. 심리학 용어에서는 이를 '나태혐오'*라고 합니다. 나태하게 있는 순간을 견디기 힘들어하는 것을 말합니다.

여러분도 가족이나 친구랑 멍때리기 대회를 한번 해보세요. 멍때리기 대회는 무료함과 졸림을 극복하고 그냥 멍때리고 있는 건데요. 이야기를 나누거나 웃는 등 어떤 감정 표현도 할 수 없고, 낙서를 할 수도 없어요. 멍때리기 효과는 뇌에 휴식을 줄 뿐 아니라, 컴퓨터를 재부팅하는 것처럼 스트레스에서 벗어나 나의 몸과 마음을 회복하는 데 도움을 줍니다. 스마트폰이 없다고 막막할 것 같지만, 멍때리기를 통해서 뇌에 휴식을 주고, 내 몸과 마음을 회복할 수 있습니다.

둘째, 뇌가 심심하다는 것은 새로운 자극을 찾아달라는 신호입니다. 스마트폰처럼 쉽게 재미를 주는 물건은 없어요. 그러니 스마트폰을 잡아달라고 하는 신호를 보내는 것이지요. 심심이는 가족들과 모여서 대화하자고 제안했어요. **디지**

---

* 케빈 루스 지음, 김미정 옮김, 《퓨처프루프》, 쌤앤파커스, 2022, pp.142~150.

털 디톡스(Digital detox) 대화이지요. 디지털 디톡스는 디지털 (digital)과 해독(detox)이라는 두 단어가 결합한 신조어로 각 종 전자기기와 인터넷, SNS 등의 중독에서 벗어나 새로운 일을 시도하는 것입니다.

우선 메모지 하나와 필기도구를 한 자루씩 가지고 모여요. 메모지에 가족들에게 궁금했던 질문 하나씩을 써요. 접어서 가운데에 두고, 돌아가면서 대화를 나눕니다. 대화를 나눌 때는 토킹피스(talking piece)를 사용해요. 토킹피스는 대화할 때 사용하는 도구로 일종의 상징물입니다. 이것을 들고 있는 사람은 이야기하고, 나머지는 토킹피스를 들고 있는 사람이 대화를 잘할 수 있도록 도와줍니다.

심심이네는 토킹피스로 손거울을 사용하기로 했어요(캐릭터 펜이나 인형을 사용하기도 해요). 토킹피스를 사용하니 모두가 공평하게 말하게 되었고, 부모님도 심심이의 이야기를 끝까지 들어주셔서 좋았어요. 심심이네 가족은 15분 디지털 디톡스 대화에 성공했어요. 평소에 스마트폰만 보고 있어 대화가 줄었는데, 대화가 늘어나니 서로가 서로에 대해 조금씩 더 이해하게 되었습니다.

스마트폰에 중독되어 있을수록 뇌는 자극적인 반응을 기다리며 신호를 보낼 텐데요. 우선, 신호를 알아차리는 연습을 해봅니다. '심심하다는 신호가 오는구나.' 하고요. 이 단계를 기꺼이 견뎌봅니다. 그러고 나서 다음 단계로 스마트폰 이외에 재미있게 할 수 있는 일들을 찾아봐요. 가족과 대화하기, 산책하기, 자전거 타기 등 새로운 일들이 분명히 있을 거예요.

앞에서 심심이가 스마트폰 알림 기능이 꺼져 있는데도 마치 진동음이 난 것처럼 느꼈다고 했죠? 아마도 심심이는 **유령 진동 증후군** 증상을 겪고 있는 듯해요. '유령 진동 증후군'은 실제로는 휴대폰이 진동하지 않았는데, 진동한 것처럼 느끼는 것입니다. 미국 미시간대학교 연구팀이 유령 진동을 경험한 적이 있는지 조사했는데요. 약 75퍼센트 정도의 사람이 가짜 진동을 경험했다고 합니다. 많은 사람이 심심이가 겪었던 증상을 겪고 있는 거예요.

가짜 진동을 경험할 수밖에 없는 이유는 무엇일까요? 내가 친구에게 말을 시켰는데 답변이 바로 오지 않으면 기다리게 되잖아요. 그래서 스마트폰을 손에 쥐고 있게 되고요. 혹은 친구에게 답장을 바로 해주고 싶어서 폰을 자주 확인하기도 하고요. 어느 경우든 습관처럼 폰을 손에서 놓지 않는 모습이네요. 대인관계에 불안감을 가지고 있어서 그래요. 조금이라도 확인이 늦어지면 친구들에게 소외당하지나 않을까 두려운 거죠. 혹시 유령 진동 증후군을 경험했다면, 내가 친구와의 관계 속에서 불안감을 겪고 있는지 돌아보아야 합니다. 스마트폰 확인이 늦어져서 관계가 힘들다고 하는 친구가 있다면, 솔직한 대화를 시도해보세요.

심심이와 대화를 나눠보니, 심심이는 친구와 연락에 관한 문제로 싸우게 되었대요. 그 후 다툼을 일으키지 않기 위해 스마트폰을 자주 확인하는 거라더군요. 심심이는 용기를 내어

"스마트폰 사용을 절제하고 싶어. 함께 도전해서 뇌를 발달시켜볼래?" 하고 제안했대요. 다행히 친구는 급한 연락은 전화로 하겠다고 하면서 문자 주고받기가 늦어진다고 해도 친한 친구임에는 변함이 없을 것이라고 응원해주었답니다. 심심이는 자신만 절제 연습을 하게 된 것이 아니라, 친구에게도 절제할 수 있는 기회를 주었습니다. 둘의 우정은 뇌가 발달하는 것처럼 앞으로 계속 성장할 테지요.

[속닥속닥 💬💬 디지털 디톡스 대화]

가족과 대화해도 좋고, 친구들이나 다양한 사람들과 함께 대화를 나눠도 좋습니다. 대화하고 싶은 친구는 다음과 같은 방법으로 대화를 시도해봐요.

[준비하기]
* 준비물: 토킹피스(우리 가족이 소중하게 생각하는 상징 물건을 정해주세요. 예: 손거울, 주걱, 인형, 숟가락 등)
* 시간: 시작하는 시간과 끝나는 시간을 정해주세요. 함께 참여하는 사람(가족, 친구)들이 온전히 집중할 수 있는 시간을 정해주세요.

[대화 시작하기]
약속을 확인하기: 대화를 돕기 위해 약속을 제안합니다. 가족들끼리 불편한 약속이 있다면 수정하고, 추가할 수도 있습니다.
  - 누군가 말하면 집중하기
  - 토킹피스를 존중하기(토킹피스를 가진 사람만 말하고 다른 사람은 말하는 사람이 말을 잘 할 수 있도록 돕습니다.)
  - 실수를 이해하기
  - 여기서 이야기한 것은 이곳에서만 하기(가족 간의 대화를 마치고 여기서 나눈 이야기를 꺼낼 때는 그 사람이 허락해야만 합니다.)

대화 시작하기: 쪽지에 질문을 쓰고, 뽑힌 질문을 돌아가면서 이야기합니다. 한 번에 많은 질문을 소화하기보다는 한두 가지라도 정기적으로 대화

하는 것이 중요합니다. 질문을 쓸 시간이 없다면, 아래 제시하는 질문을 사용해도 좋습니다.

〈감정〉

◎ 가족들과 있을 때 가장 행복할 때는 언제인가요? 왜 그런가요?

◎ 가족들이 나를 존중해줄 때는 언제였고, 그때 기분은 어땠나요? 혹은 가족들에게 존중받고 싶은 순간은 언제인가요?

◎ 내가 슬플 때 도움이 되는 방법은 무엇인가요?

◎ 내가 가족들에게 고마운 순간은 언제인가요?

〈인간관계〉

◎ 나에게 소중한 친구는 누구이고, 왜 소중한가요?

◎ 편안한 인간관계를 유지할 수 있는 비결이 있다면 무엇일까요?

◎ 가족 이외의 사람들과 어려움이 있을 때, 도움이 되었던 방법은 무엇인가요?

〈여가생활〉

◎ 가족들과 1년 안에 놀러 가고 싶은 곳은 어디인가요?

◎ 주말에 가족들과 함께 만들어 먹고 싶은 신메뉴가 있다면 무엇인가요? 각자 어떤 역할을 감당할 수 있을까요?

〈소원성취, 진로〉

◎ 나에게 소원을 빌 수 있는 알라딘에 요술램프가 있다면, 무슨 소원을 빌고 싶나요? (돈에 관련된 것은 제외하고)

◎ 내가 이뤘던 꿈이나 꼭 이루고 싶은 꿈이 있나요? 가족들이 어떻게 내 꿈을 이룰 수 있게 도와줬으면 좋을까요?*

[소감 나누기]
대화를 나누고, 가족과 대화를 주고받았던 경험이 있다면 어떤 것이 좋을지 대화를 나눕니다.

* 시작하는 지점(1월, 1일, 월요일...)에 나눠도 좋을 질문입니다. 예를 들어 한 해에 시작하면서, 가족들에게 내가 이루고 싶은 점을 말하고, 그것을 도와줄 수 있도록 도움을 요청할 수 있는 질문이 될 것입니다.

6장
학업 스트레스와 진로
모든 것이 가능한 나의 미래

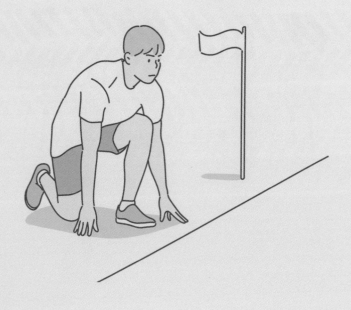

치타처럼 살아남기

수면 처방전

2023년도 수능 만점자 두 명이 유퀴즈에 출연했어요. 유재석 님이 "잠은 얼마나 잤나요?"라고 물었더니 만점자들은 잠을 6~7시간 정도 충분히 잤다고 대답했습니다. 네 시간씩 잠을 줄여서 공부하려고 했으나 집중이 잘되지 않아서 자신의 수면시간을 지켰다고 합니다.

수능 만점자들은 자신의 목표를 이뤄낸 사람들이라는 점에 주목해서 그들의 수면시간에 집중해봅시다. 잠을 충분히 자는 것은 두뇌 발달이나 기억력 향상에 도움을 줄 뿐 아니라 심리적 안정에도 도움을 줍니다.

신경 과학자 매슈 워커(Matthew Walker) 교수님은 수면 전문가라는 별명이 있을 정도로 잠에 대해 평생을 연구한 분입니다. 그가 쓴 《우리는 왜 잠을 자야 할까?》라는 책에는 잠을 자는 동안 우리 몸에서 기억저장소를 만드는 일이 벌어진다는 내용이 나옵니다. 그러니 **공부한 내용을 오래 기억하려면 휴식을 충분히 취해야 합니다.**

잠을 충분히 자지 못한 학생들은 40퍼센트 정도 학습 능력이 저하된다고 합니다. 필요한 만큼 잠을 자지 못하면 기억 저장소에 저장하는 능력이 떨어지기 때문입니다. 좀 더 정확히 설명하면, "휴식을 취하지 못하면, 정보가 뇌에서 튕겨 나간다."라고 합니다.[*]

혹시 초등학교 때는 아침에 일어나는 것이 힘들지 않았는데, 청소년기에 접어들면서 힘들어진 분이 있나요? 늘보는 중학생이 되어 공부해야 할 양은 자꾸 늘어나는데, 잠은 더 많아진 것 같아서 어떻게 해야 할지 고민이 많다고 털어놓았습니다. 어린 시절에는 잠자고 일어나는 게 어렵지 않았다고 하면서요.

청소년기에는, 특히 십 대 후반으로 갈수록, 수면을 유도하는 멜라토닌 호르몬이 자정을 넘겨서야 분비되기 때문에 생체 리듬이 성인에 비해 1~3시간 늦게 맞춰진다고 합니다.[†] 학

---

[*] 메슈 워커 지음, 이한음 옮김, 《우리는 왜 잠을 자야 할까》, 열린책들, 2019.

[†] 김형자, "청소년 늦잠 자는 이유… 성인보다 '생체시계' 2시간 늦어", 〈조선일보〉, 2021.4.13.

자마다 의견이 다르긴 하지만, 대개 평균 1시간 정도 늦어진다고 하네요. 2시간, 2.5시간, 3시간 정도로 사람마다 생체 시간이 늦게 맞춰질 수도 있다고 하니 참 신기하죠? 이렇듯 성인보다 청소년기에 생체 리듬 사이클이 늘어진다는 주장을 모아서 여러분에게 1~3시간이라고 표현한 것입니다. 또 다른 연구자들은 생체 시간이 성인기와 청소년기에 거의 비슷하게 나타난다고 말하기도 합니다. 다만 모든 사람이 그렇다는 것은 아니고, 대체로 그렇다는 것이지요.

늦게 자고 싶은 생각이 든다는 것은 뇌가 어린이에서 청소년기로 접어들었다는 증거이기도 합니다. 아침에 일어나는 것이 힘들었다면, 뇌가 성숙하고 있다는 뜻이고요. 매슈 워커 교수님은 "청소년기에는 8시간 정도 잠을 충분히 자야 뇌가 발달한다."라고 말씀하십니다. 잠 고민은 늘보만이 아니라 청소년기를 지나는 모든 친구가 겪을 수 있는 일입니다.

보건복지부 조사에 따르면, 2022년 우리나라 청소년 평균 수면시간은 5.9시간이었어요. 그런데 학년이 올라갈수록 평균 수면의 양이 줄어들었다고 합니다. 잠을 푹 자고 싶지만 공부해야 할 분량이 늘어나기 때문에 어쩔 수 없이 잠을 줄이게 되는 거죠. 이 문제는 아주 케케묵은 것이기도 합니다. 여러분, "4당5락"이라는 말을 들어본 적 있나요? "4시간 자면 (대학에) 붙고 5시간 자면 (대학에) 떨어진다."라는 속설 같은 말이지요. 할머니, 할아버지 시대부터 있던 말들이 여전히 유효한 걸 보면 우리나라 청소년들은 본인이 원하는 결과를 얻어내기 위해 최선을 다한다는 걸 알 수 있습니다. 저도 잠을 줄이면서 최선을 다해 공부했던 시절이 떠올라요. 저는 잠을 많이 자는 게 게으른 사람이라는 증거 같더라고요. 남들보다 뒤처지는 기분도 들었고요.

그런데 이렇게 잠을 줄이다 보면 '잠을 계속 자고 싶어지는' 현상이 발생합니다. 이를 과다수면이라고 해요. 과다수면이란 밤에 충분히 잠을 잤음에도 불구하고 낮이나 오후에 심한 졸림을 느끼는 것입니다. 체력이 부족해지거나 평소보다 스트레스를 더 받게 되는 경우 과다수면 현상이 일어난다고 해요.

작가 마시 시모프(Marci Shimoff) 님은 몸과 마음을 잘 돌보는 방법을 설명한 《이유 없이 사랑하라》라는 책을 쓰셨는데요. 여기 보면, 결정을 내리는 데 스트레스가 어떤 영향을 미치는지 연구한 내용이 나와요.

스탠퍼드대학교에서 무작위로 사람을 모집해서, 두 집단으로 나눴는데요. 한 팀은 숫자 두 개를 기억하고, 다른 팀은 숫자 일곱 개를 기억하도록 했어요. 그 후 과일샐러드와 초콜릿케이크 중에서 하나를 선택하도록 했어요. 숫자 일곱 개를 기억했던 팀이 초콜릿케이크를 선택한 비율이 높았대요.

왜 그럴까요? 스트레스를 더 많이 받은 팀이 초콜릿케이크(당)로 이를 해소하려 했던 것입니다. 연구자들은 더 긴 숫자를 기억해야 했던 참여자들이 자신도 모르는 사이 스트레스를 더 받았을 것이라고 이야기합니다.* 건강에 과일샐러드가

---

* 마시 시모프 지음, 안진환 외 옮김, 《이유 없이 사랑하라》, 민음인, 2012,

좋은 것은 다들 알고 있지만 스트레스를 받은 상황에서는 초콜릿케이크를 선택할 확률이 높아진다는 것이지요.

많은 경우 스트레스를 받으면 설탕이나 카페인을 찾게 되잖아요? 사실 설탕과 카페인이 건강에 좋지 않다는 것은 다 알아요. 그런데도 스트레스를 해소하려고 단것이나 카페인이 들어간 음료를 찾게 되는 거죠. 건강에는 전혀 도움이 되지 않는 음식을 선택하는 겁니다.

경희대학교 정자용 교수 연구팀은 설탕이 많이 들어간 음료나 과자가 수면의 질을 떨어뜨린다는 연구 결과를 내놓았습니다.* 카페인이 들어간 음료나 커피는 각성 효과가 있는데요. 이는 미래에 내가 써야 할 에너지를 미리 가져다 쓰는 방식에 불과하다고 합니다. 그러니까 카페인 음료를 통해서 내 몸 안에 에너지를 불어넣는 것이 아니라 미래에 써야 할 에너지를 빌려다 사용하는 셈이지요.

해야 할 공부도 많고, 모두가 잠을 안 자며 공부하는데, 나만 편히 자고 있다면 불안할 수 있어요. 하지만, 충분하게 자지 못해서 스트레스를 받는 상황이라면 여러분의 몸은 계속 피곤하다는 신호를 보낼 거예요. 이렇게 되면 내가 원하는 대로 판단을 내리지 못하거나 본인의 역량을 발휘하지 못하게 됩니다. 그러면 어떻게 해야 할까요? 잠도 개운하게 자면서, 내가 해야

pp.151~172 참조.
* 이혜나, "'이 음료' 즐기는 청소년, 잠 잘 못 잔다", 〈헬스조선〉, 2022.1.19.

할 일도 잘 해낼 수 있는 방법을 알아보도록 해요.

첫째, 호랑이에게 쫓기는 치타처럼 공부합니다. 동물의 세계에서 호랑이는 상위 포식자에 속합니다. 치타는 호랑이에게 물리지 않기 위해 최선을 다해서 뛰는데요. 치타는 놀라운 속도로 달려 호랑이를 이길 수 있어요. 치타가 빠르기도 하지만 그 순간에 몰입해서 달리기 때문입니다.

공부할 때도 마찬가지입니다. 공부할 분량을 정하기보다는 시간을 정해서 공부하고, 그 순간 파악해야 할 핵심을 찾아요. 50분이라는 공부 시간을 정했다면, 그 순간만큼은 내가 최대한 몰입해서 공부하도록 합니다. 처음부터 이렇게 긴 시간 집중하기 힘들다면, 공부 시간을 10분~20분 정도로 나누어보세요. 10~20분 공부하고 잠시 쉬고 하는 방식으로 자신에게 잘 맞는 계획을 세우는 거죠.

또 하나 공부법에 관한 비밀을 알려드릴게요. 먼저 공부하고자 하는 내용의 '핵심'을 찾습니다. 예를 들어 빨간색 자동차에 관심이 생겼다면, 길거리를 다니는 자동차 중 유난히 빨간색 자동차가 많아 보일 겁니다. 빨간 자동차에 관심이 생겨서 나타나는 현상이죠. 공부도 마찬가지입니다.

영어든 수학이든 관심이 생긴 영역은 자연스레 눈에 잘 들어오죠. 그때 치타처럼 몰입해서 공부한다면, 내가 원하는 것을 수월하게 해낼 수 있습니다. 그 순간만큼은 스마트폰도, 걱정도, 잠시 뒤로 밀어두어요. 그림그리기에 몰두한 사람은 아무리 옆에서 말을 걸어도 그림에만 집중하잖아요? 게임할

땐 두말할 나위 없고요. 바로 우리 모두에게는 순간 집중력을 발휘할 수 있는 힘이 있기 때문입니다.

둘째, **충분히 잠을 자요.** BTS의 제이홉은 알람 없이 일어난 다고 하는데요. 그 비결로 규칙적으로 잠을 자는 습관을 들었습니다. 같은 시간에 잠을 자고 일어나는 게 중요하다는 뜻인데요. 사람에 따라서 본인에게 적절한 수면시간이 있습니다. 이 역시 개인차가 있어서 사람마다 다를 수 있어요. 다섯 시간만 자도 개운한 사람이 있는가 하면, 여덟 시간을 자도 부족하다고 느끼는 사람이 있습니다. 적게 자도 괜찮은 사람은 기억력을 높인다고 억지로 더 잘 필요가 없어요. 각자에게 필요한 만큼 자면 되겠지요. 반면, 여덟 시간을 자도 개운하지 않을 때가 있었나요? 몸이 자연스럽게 휴식이 더 필요해서, 쉼을 요구하는 경우가 되겠지요.

메가스터디 명문대 선배 멘토링 중 강민후 멘토는 시험 기간과 같이 시간이 부족한 시기에는 최대한 많이 잘 수 있는 시간과 최소로 잘 수 있는 시간의 기준을 분명히 정하는 게 중요하다고 조언합니다.[*] 우리 몸은 나름의 생체 시간을 각인하고 있어서 일정한 리듬을 따라야 제대로 활동할 수 있거든요.

셋째, **몸과 마음의 신호에 귀를 기울입니다.** 쑥쑥이는 중학

---

[*] 강민후, "수면의 법칙", 〈메가스터디〉, 2022.7.27.

교 시절 친구 관계로 스트레스를 많이 받았어요. 마음이 힘들어서 자신도 모르게 잠을 많이 잤대요. 스트레스를 푼다면서 잠을 충분히 자다 보니 공부는 뒷전이 되었습니다. 그래도 쑥쑥이는 자신만의 속도가 있다고 생각하여 학업을 잠시 멈췄어요. 대신 자신의 몸과 마음을 충분히 돌보았습니다. 그러다 보니 몸도 회복되었고, 키도 빠른 속도로 자랐습니다. 쑥쑥이는 검정고시로 중학교 과정을 마친 다음 외국어고등학교 입학을 준비했고, 당당히 합격했습니다. 충분히 잠을 자며 자신을 돌본 덕에 체력도 좋아지고 마음이 건강해져서 공부에 전념하게 된 것입니다. 그야말로 자신에게 꼭 필요한 힘이 생기게 된 거예요.

넷째, 잠이 오지 않을 때는 숙면을 취할 수 있는 나만의 방

법을 찾아보아요. 중요한 시험 전날이나 행사를 앞두고 있다면, 긴장해서 혹은 설렘으로 잠이 안 올 수밖에 없어요. 내가 무엇인가를 기대하거나 걱정하고 있으면 몸이 긴장하는데요. 이는 뇌가 계속 생각하면서 우리 몸에 신호를 보내고 지시하기 때문입니다. 그러니 걱정되는 일이 있다면, 걱정에 몰두하기보다 내 마음이 어떤 신호를 보내는지 먼저 살피도록 해요.

예를 들어 시험을 앞두고, '어떻게 하지?' 하면서 막연하게 걱정만 할 수 있어요. 그때는 '내가 시험을 앞두고 점수가 잘 나오지 않을까 봐 걱정하고 있구나!'와 같이 자신의 마음을 정리하고 정확하게 알아주어야 합니다. 여행을 떠나기 전에, 설렘으로 잠이 오지 않는 경우도 있어요. 그럴 때는 '앞으로 어떤 일이 일어날지 예상이 되지 않아서 잠이 오지 않는구나! 나는 정말 즐겁게 여행을 다녀오고 싶구나!' 하면서 자신의 마음을 알아주는 것이지요.

저 같은 경우는 심호흡과 기도를 통해 잠을 청해요. 심호흡하는 법은 쉽습니다. 숨을 깊게 들이쉬고 내쉬면서 심장 박동수를 조절하면 됩니다. 심장을 천천히 뛰게 하는 거죠. 이렇게 하면 몸이 자연스럽게 이완됩니다. 저는 심호흡을 할 때 5초 정도 시간을 나눕니다. 하지만 사람마다 숨을 쉬는 속도가 다르니까 3~10초 사이에서 나에게 편안한 구간을 찾으면 됩니다.

또 다른 방식으로 모관 운동이 있어요. 손과 발을 올리고 30초 정도 터는 것입니다. 이때 소리를 내면서 한다면 스트레스 해소에도 도움이 될 거예요. 털기 후에는 심호흡을 해줘요.

다섯째, **잠자리에서는 잠만 자요.** 저는 침대에서 책을 읽거나 공부하는 것을 좋아했어요. 책을 읽다 보면 잠이 오는 경우도 있지만, 재미있어서 잠을 더 못 자게 되는 경우도 있습니다. 참 신기한 점은 우리 몸이 장소를 인식한다는 것입니다. 침대에서 잠자는 것 이외에 다른 행동을 한다면, 침대에 눕는 순간 몸이 어떤 것을 해야 할지 헷갈리게 됩니다. 침대에서는 잠을 잔다는 것을 몸이 인식할 수 있도록 잠만 잡니다. 휴대폰도 마찬가지예요. 침대에 누워서 휴대폰을 하게 된다면, 몸은 침대에 누워서 잠을 자게 될지 휴대폰을 해야 할지 헷갈립니다.

이스라엘 속담에 "즐거운 웃음과 숙면은 의사들의 책에서 최고의 처방이다."(A good laugh and a long sleep are the best cures in the doctor's book.)라는 말이 있어요. 그만큼 잠이 중요하다는 것이지요.

유재석 님이 팟캐스트 〈비밀보장〉 400회에 나와서 이런 이야기를 했어요. 〈런닝맨〉을 오래 할 수 있었던 비결이 무엇이냐는 질문에 "잠을 충분히 자는 것"이라고 했는데요. 그는 실제로 12시에 자서 7시에 규칙적으로 일어나는 습관을 가지고 있답니다. 〈런닝맨〉 촬영은 강도가 높아서 대부분 촬영하고 나면 아무것도 할 수 없지만, 유재석 님은 그런 습관 덕분에 촬영 후에도 지치지 않는다는 거죠.

여러분, 수면 습관이 얼마나 중요한지 잘 아시겠죠? 내가 이루고자 하는 목표를 위해서 하루 이틀 정도는 잠을 자지 않고 노력해볼 수 있어요. 하지만 그런 수면 패턴이 굳어져 습관이 되면 장기적으로 위험 요소로 작용할 겁니다. 아무리 건강한 사람이라도, 체력적으로 문제가 없는 사람이라고 해도 이런 식으로 잠을 못 자면 언젠가는 낭패를 보게 됩니다. 그러니 잠이 잘 오지 않는다면, 내 마음과 몸을 먼저 돌아보고, 잠자리도 잘 돌봐줘요. 자도 자도 계속 자고 싶을 수도 있어요. 내 일상에 지장을 주지 않는다면, 충분히 자도 괜찮아요. 어쩌면 지금 나에게 필요한 것은 해야 할 무언가가 아니라, 내 몸에 필요한 휴식을 주는 것인지도 모릅니다.

치타처럼 살아남기
시간을 효율적으로 보내는 비결

치타처럼 몰입하기

생체리듬 만들기

내 몸과 마음을 돌보기

나만의 숙면방식 찾기

침대에서는 잠만 자기

시험 결과가
만족스럽지 않아요

삶이 버겁고 힘들어요, 막막해요

살면서 어려움을 겪지 않았던 사람이 있을까요? 살다 보면 누구나 절망적인 순간을 몇 번쯤 겪게 마련입니다. 절망은 늪과 같아서, 움직일수록 계속 빠지게 되는데요. 절망의 늪에서 어떻게 벗어날 수 있을까요? 절망이 '늪'이라고 생각하는 순간, 그 늪에 더 깊이 빠지게 됩니다. 절망은 우리가 어려움을 어떻게 마주하느냐에 따라서 다른 결과를 불러오기도 합니다.

우리는 대개 어려움이 닥치면 너무나 막막해서 아무것도 할 수 없다고 느낍니다. 아무것도 하기 싫을 때도 많아요. 절망은 대개 좌절과 함께 오니까요.

제니가 시험 결과를 받고 절망에 빠졌다고 고민을 털어놓았어요. 시험을 잘 보려고 엄청 열심히, 최선을 다해서 준비했는데, 원하는 점수를 받지 못한 거예요. 사실 제니는 매번 시험 때마다 가슴이 두근거리는 증상을 겪었다고 합니다. 중간고사나 기말고사가 다가오면 걱정부터 되었대요. 목표를 이루고 싶은데 두근대는 증상 때문에 망치면 어떡하나 싶어서요. 그런데 이번 시험에서 또 실패한 거예요. 계속 실패만 하니까 제니는 이제 더는 공부하고 싶지 않았어요. 아무리 공부해도 원하는 결과를 얻지 못하니 죽고 싶을 만큼 괴로웠습니다. 그러면 안 되는 줄 알면서도 극단적인 생각까지 하게 되더래요. 하지만 그런 선택을 하면 가족과 친구들이 슬퍼할 것 같아서 차마 그렇게 할 수 없었다고 합니다. 친구들은 "그 정도 성적이면 괜찮은데 뭘 그렇게 고민하냐?"라고 말했지만 제니는 너무나 괴로웠습니다.

저도 시험 결과 때문에 괴로웠던 적이 한두 번이 아니었습니다. 기대한 만큼 결과가 나오지 않으면 노력했던 순간이 다 소용이 없어지는 것 같잖아요. 더 열심히 했어야 하는데, 하면서 후회하게 됩니다. 원하는 성적을 받지 못하면 원하는 미래를 꿈꾸지 못할 것 같아서 막막해지고요. 이렇게 속상해한다는 건 그만큼 자신이 그리는 미래상이 뚜렷하다는 증거일지도 모릅니다.

제니도 좋은 성적을 받아 꿈꾸는 미래에 한 발 더 가까이 다가서고 싶었던 거죠. 친구들과 선생님들, 그리고 부모님께 인정받고 싶은 마음도 있었을 거예요. 누군가에게 인정받고 싶고, 원하는 미래를 위해 노력하는 것은 멋진 일입니다. 그러나 한 가지 명심할 게 있어요. 사람은 누구나 실패의 경험을 하게 마련이라는 점입니다. 이 지구상에서 본인이 원하는 만큼 노력해서 본인이 그리는 만큼의 결과를 정확하게 받았던 사람은 드뭅니다.

원하는 결과를 받고서 이것을 유지하지 못할까 봐 불안했던 기억이 떠오릅니다. 그렇습니다. 우리는 성적과 상관없이 모두 불안합니다. "좋은 성적을 받고 왜 그렇게 울어?"라고 말하는 친구도, 내가 원하는 성적을 받은 친구도, 모두 자신이 노력한 결과가 유지되지 않을까 봐 두려운 것입니다. 최선을 다해 공부한 친구들이 더 불안해하는 것도 이런 이유이지요.

죽고 싶을 만큼 힘들다는 생각이 들 때, 마음은 어떤 신호를 보내는 걸까요? 아마도 삶이 그만큼 버겁고 힘들다는 표현이겠죠? 그동안 다양한 시도를 했지만 상황이 달라지지 않아서 많이 속상하다는 뜻일 겁니다. 내가 아무리 노력해도 상황이 달라지지 않으니, 막막하다는 표현으로도 들립니다. 한편으로는 내가 원하는 결과를 받았지만, 이 점수가 유지되지 않을 것 같아서 불안하다는 말로 풀이되고요. 즉 "죽고 싶을 만큼 힘들다."라는 말은 "지금 내 마음이 너무 괴롭다."라는 표현입니다.

성적 스트레스를 덜 받으면서 공부하는 몇 가지 방법을 소개합니다. 첫째, 내 **마음이 어떤 상태인지 알아줍니다.** "지금 내 마음은 어떤 상태이지?"라는 질문을 스스로에게 던져보세요. 인지행동치료 등 마음의 회복을 돌보는 많은 치료에서는 자신의 감정을 알아차리는 것을 매우 중요하게 여긴답니다. 자신의 마음이 어떤 상태인지 알아차리는 것이 감정 전환에 큰 도움이 되기 때문이죠.

누군가 내 마음을 알아주기 전에, 나 스스로 나의 마음이 어떤 상태인지 알아주어야 합니다. '괴롭다' '이생망(이번 생은 망했다)' '죽고 싶다'와 같이 내 마음이 어떤 상태인지 스스로 표현해보세요. 그리고 내 마음이 괴로운 상태에 있다면 '지금 나의 마음이 괴롭구나.' 하고 알아주면 됩니다. 나의 어떤 목표를 이루기 위해 이만큼 최선을 다했는데 이루어지지 않으니 내 마음이 속상한 거구나, 하고 이해해주는 겁니다.

둘째, 내가 진짜 원하는 것이 무엇인지 확인합니다. 내가 원하는 것이 '좋은 성적을 받는 것'이었는지, 좋은 성적을 받아서 '○○을 하고' 싶었는지 정확히 알아내는 것입니다. 이렇게 자신의 진짜 목표가 무엇인지 알아보는 것은 너무나 중요한 일입니다. 그러니 성적에만 마음을 두어 일희일비(一喜一悲)하기보다는 성적을 통하여 내가 진짜 하고 싶은 일이 무엇인지 찾아보세요.

원하는 성적이 나오지 않아서 고민인 해동이가 있었어요. 이렇게 성적이 안 나오면 원하는 것들을 이루지 못할까 봐 이만저만 걱정이 아닙니다. 해동이는 성적을 잘 받아서 소위 명문 학교에 진학해서 미래에 안정적인 삶을 살고 싶었다고 해요. 이야기를 들어 보니 해동이의 바람은 '미래에 안정적으로 살고 싶은 것'입니다. 어떤 구체적인 꿈보다도 자신에게 안정이 중요하다는 뜻이겠지요.

연세대학교 김주환 교수님은 《그릿》이라는 책에서 "잠재성을 어떻게 발휘하느냐에 따라서 결과가 달라진다."라고 말씀하셨어요. 머리가 나쁘고, 지능이 떨어져서 공부를 못하는 게 아니라, 그 생각 때문에 공부를 못 하게 된다고 해요. 그러면서 "스트레스를 받는다고 자신의 감정을 무시하고 공부만 할 게 아니라, 하루에 10분씩이라도 명상을 하거나 감사일기를 써보라."라고 제안해주셨습니다. 네, 저 역시 스트레스를 이기며 공부하는 세 번째 방법으로 **감사일기 쓰기**를 제안합니다.

혜민이를 만났던 순간을 생생하게 기억해요. 성적표를 받아 들고 좌절해서 어찌할 바를 몰랐던 모습을요. 혜민이는 진심으로 간절하게 해내고 싶은 목표가 있었으므로 "제가 무엇을 어떻게 더 하면 좋을까요?"라고 저에게 물었어요. 저는 혜민이에게 감사일기 쓰기를 제안했습니다.

혜민이는 처음에는 자기 전에 감사한 일 세 가지 정도를 떠올리며 잠들었대요. 일주일 정도 감사한 일을 떠올리다 보

니, 기분이 좋아지기 시작했습니다. 그래서 더 본격적으로 시도해보겠다고 하면서 SNS에 매일 자신이 감사한 일을 세 가지씩 올렸어요. 그러다 보니 감사일기 쓰기가 습관이 되었고, 급식을 먹다가도 맛있는 반찬이 나오면 감사일기에 써야겠다고 생각하게 되었대요. 일상에도 활력이 붙기 시작했죠. 친구들도 혜민이의 변화하는 모습을 지켜보면서 따라 하기 시작했어요.

혜민이처럼 SNS에까지 올릴 마음이 없다면, 그냥 종이에 써보거나 떠올리기만 해도 좋습니다. 감사일기의 핵심은 사고를 긍정적으로 전환하는 것입니다. 공부를 못한다고 스트레스를 받으면서도 계속 공부만 붙잡고 있는 게 능사는 아니지요.

내 마음과 머리는 분리할 수 없어요. 내 마음이 어려우면, 머리에 새로운 지식을 받아들일 수 없어요. 컴퓨터가 갑자기 다운되거나 멈췄던 적이 있죠? 우리 뇌도 컴퓨터처럼 버퍼링 현상을 겪습니다. 스트레스가 계속 쌓이면, 컴퓨터가 더는 작동하지 않는 상태와 같아요. 이럴 때 컴퓨터를 잠시 껐다가 켜주면 다시 작동하잖아요? 그처럼 우리 마음에도 휴식이 필요합니다. 마음이 힘들 때는 잠시 재부팅하는 것, 잊지 마세요.

공부만 열심히 하는 게 정답은 아닙니다. 물론 최선을 다할 때, 원하는 결과를 받을 수 있어요. 아인슈타인은 "똑같이 반복하면서 다른 결과를 기대하는 것은 미친 짓이다."라는 명언을 남겼어요. 다른 결과를 원한다면 다른 방법을 시도해보라는 뜻입니다. 우리가 시도해볼 수 있는 일에는 어떤 것들이 있을까요?

첫째, 여러분이 이루고자 했던 자신의 마음을 알아주세요. 두 번째, 마음에 휴식이 필요하다면 기꺼이 쉬어주세요. 많은 시간이 필요한 것은 아닙니다. 하루 3분이라도 나를 칭찬하거나 감사일기를 써봐요. 아인슈타인도 수많은 실험에 실패했지만, 다르게 시도했기에 다른 결과가 나왔다고 말했잖아요. 내가 같은 방식으로 공부하고 있는데, 다른 결과를 기대하고 있다면, 조금 다르게 시도해보세요.

[속닥속닥 💬 학업 스트레스에 지친 나를 돌보기]

1. 내가 최선을 다했던 점은 무엇인가요? 다른 사람들은 인정해주지 않더라도 내가 인정해줘요.

 ex) 밤에도 잠을 자지 않고 최선을 다해 공부했음.

2. 내가 원했던 점은 무엇이었고, 어떤 점을 충족시키지 못했나요?

 ex) 원하는 성적과 남들로부터 인정받는 것. 내가 최선을 다한 것에 대한 인정을 선생님이나 부모님께 받고 있지 못함.

3. 그때 내 마음은 어떤가요?

 ex) 속상하고, 답답하고, 막막하다.

4. 내가 나를 위로한다면 어떤 말을 할 수 있을까요? 나에게는 무엇이 필요했나요?

 ex) 네게 필요했던 것은 최선을 다했다는 인정이었구나. 너는 최선을 충분히 다했어.

5. 내가 조금 다르게 시도해볼 수 있는 것은 무엇일까요?

ex) 하루 3분씩 멍때리기를 한다.

 내가 좋아하는 가수의 노래를 열심히 들어본다.

무엇이든 할 수 있는 나이

나의 무한 가능성

1919년 3·1운동의 주역 중 유관순 열사는 당시 몇 살이었을까요? 이화여자고등보통학교를 다니던 17살 학생이었지요. 4·19혁명은 고등학생들이 주축이 되어서 일어난 운동인데요. 시민 대표 중 설송웅(당시 고등학생)도 있었습니다.

아거 작가님은 사람들은 대개 나이가 어리면 사리 분별을 못 할 거라는 편견에 사로잡혀 있지만, 아무리 나이 어린 시민이라고 해도 자신의 의견을 표현할 수 있어야 한다고 하셨습니다. 그러면서 유관순 열사와 설송웅 학생처럼 세상에 자신의 목소리를 피력했던 청소년들이 있다고 하셨어요.[*]

"'미래세대'라는 말은 청소년을 현재 사회에서 삭제시키는 말이기도 하다."[†] 청소년 인권활동가 진냥 님이 주장하셨던 말이기도 해요.

무슨 뜻이냐고요? 현재 하고 싶은 일이나 표현하고 싶은 것이 있다고 해도 당장 할 게 아니라 미래에 하도록 보류하게 만든다는 것입니다. 미래세대라는 말은 어떻게 보면 '미래의

[*]　아거 지음, 《어린시민》, 창비교육, 2018. p.161.
[†]　진냥, "청소년은 '미래세대'가 아니다", 〈프레시안〉, 2021.8.13.

주인공'이라는 뜻도 있지만, 또 다른 면에서는 "현재를 '준비'하는 데 보내는 사람"이라는 뜻으로 보는 거죠. 경기장 벤치에 앉아 투입되기를 기다리는 후보선수처럼 말입니다.

여러분은 자신이 후보선수라고 생각하나요? '본 게임'은 몇 살에 시작할 수 있나요? 하지만 이미 자신만의 경기를 치르고 있는 사람이라면 자신을 후보선수라고 생각하지 않을 겁니다. 이미 본 게임의 선수이지요.

유관순 열사처럼 자신의 목소리를 당당하게 냈던 청소년들이 있습니다. 《세상을 바꾼 10대들, 그들은 무엇이 달랐을까?》*라는 책을 보면, 자신이 처한 환경에 굴하지 않고 목소리를 내면서 세상을 바꾼 청소년들이 나옵니다. 이 청소년들은 어리다고 포기하기보다, 자신이 할 수 있는 일들을 해냈습니

---

* 정학경 지음, 《세상을 바꾼 10대들, 그들은 무엇이 달랐을까》, 미디어숲, 2021.

다. 바로 이 점에 큰 의미가 있어요. 남들이 뭐라고 해도 자신이 하고 싶은 일이 있다면, 게다가 나를 비롯한 다른 누군가에게 도움이 되는 일이라면, 기꺼이 시도해보면 좋겠어요.

부모님이나 선생님들은 청소년들을 언제나 '보호'하려고 하십니다. 보호하기 위해서 청소년들의 삶에 관여하는데요. 이럴 때의 청소년은 독립된 존재이기보다는 '관리 대상'이기 쉽겠지요.* 그러나 청소년기는 보호에서 벗어나 **독립을 연습할 시기**입니다. 물론 이 말이 부모님으로부터 경제적으로 독립하라는 뜻이 아니라는 건 다 아시죠?

모든 결정이나 판단을 부모님께 의존하지 말고 하나둘 쉬운 것부터 나의 목소리를 내보자는 뜻입니다. 이 시기에 독립 연습이 이루어지지 않으면 성인이 되어서도 부모님에게 기대게 될 거예요.

자신의 목소리를 내고 싶다면 어떻게 해야 할까요? 우선 분명한 자신의 정체성을 찾아야겠지요. **자신의 목소리를 내기 위해서는 연습도 필요하고, 책임도 뒤따릅니다.**

새는 하늘을 나는 연습을 할 때, 작은 나무에서부터 나는 연습을 합니다. 아주 낮은 곳부터 시작해서 점점 올라가죠. 그래야만 설령 연습 도중 떨어지는 일이 발생해도 크게 다치지 않잖아요. 이런 작은 연습들이 모여서 나중에는 큰 나무나 낭떠러지에서 날아도 떨어지지 않고 날 수 있게 됩니다.

---

* 아거 지음, 《어린시민》, 창비교육, 2018, p.86.

우리의 인생도 마찬가지예요. 내가 하고 싶은 것이 무엇인지 정확하게 찾고, 나를 어떤 방식으로 그 일을 해나가고 싶은 것인지 인지한 다음 다양하게 시도해보면 좋겠지요. 혹여 무엇을 해야 할지 모를 수도 있어요. 괜찮아요. 다양한 시도를 하면서 찾아가면 되지요. 또 이때 주변 사람들의 도움을 받아도 괜찮습니다.

다양한 이슈에 대해 다양한 방법으로 자신의 목소리를 내는 청소년들이 있어요. 그중 법 제정을 시도했던 청소년들도 있는데요. 2019년 팬데믹 이후에는 청소년들이 학교에 가도 친구들과 마음껏 어울려 놀 수가 없었어요. 소위 '사회적 거리 두기'가 이미 모두에게 익숙해진 탓이었지요. 그러다 보니 외로움을 느끼는 청소년들이 늘어났습니다. 때마침 신문에도 코로나로 인해 고립감을 경험한 청소년들의 자살이 늘어났다는 기사가 등장하기 시작했고요. 하지만 어른들은 대책을 제대로 세우지 못했고, 그저 팬데믹이 끝나기만을 기다렸습니다.

그때 군산에서 조례를 바꾼 청소년들이 있었어요. '조례'는 시의 법률입니다. 조례가 지정되면 그에 맞춰서 시에서 예산을 집행할 수 있습니다. 청소년자치연구소 '달그락달그락'에서 당사자들이 모여 청소년의 외로움에 관하여 공부도 하고 의견을 모았어요. 그러고는 그 결과를 「군산시 청소년 외로움 치유와 행복을 위한 조례」로 만들었고, 국회의원들에게 조례 내용을 제출하였습니다.* 조례안은 외로움에 대한 정의, 대상 연령, 지원 방법, 운영위원회 운영에 대한 내용 등으로 구성되었어요. 2021년 11월, 마침내 국회의원들의 만장일치로 그 안건이 통과되었어요.† 국회의원들은 청소년뿐 아니라 1인 가구로서 외로움을 겪는 사람들까지 범위를 확대하여 조례를 검토했으면 좋겠다는 의견까지 내놓았습니다.

멋지지 않나요? 전국 최초로 고등학생들이 조례를 제안하였고 통과되다니요! 조례에는 청소년들을 위한 예산 책정 내용까지 들어가 있었는데요, 자신들에게 필요한 것이 무엇인지 연구하고 논의하여 결국 법을 만들고, 그 법이 다른 청소년들에게도 선한 영향을 미칠 수 있도록 큰일을 해낸 것입니다.

청소년 외로움 방지 조례 추진 위원회 조민성 부팀장은 다음과 같이 소감을 말했어요. "최초는 누구도 해보지 않은 것을 도전하는 용기와 힘이 필요하기에 더 의미 있고 가치 있다고 생각합니다."‡

자신의 취미를 창업으로 연결한 청소년들도 있습니다. 칠성바이오 공희준 대표님(인스타: bean_huijun)은 중학생 때부

---

* 권복희, 권혜진, 심유경, 조영, "청소년이 만든 사회변화, 민주시민교육 시선으로 깊이보기", 〈사단법인 시민〉, 2023, pp.37~38 참조.

† 군산시의회 행정복지위원회 회의록, 2021.11.15. https://council.gunsan.go.kr/main/minutes/html/MinutesView.do?MINTS_SN=4912 참조.

‡ 권복희, 권혜진, 심유경, 조영, "청소년이 만든 사회변화, 민주시민교육 시선으로 깊이보기", 〈사단법인 시민〉, 2023, pp.60~65 참조.

터 용돈으로 곤충을 기르기 시작했습니다. 그런데 부모님이 주시는 5만 원으로는 곤충 사료를 필요한 만큼 살 수 없었습니다. 그래서 고등학교 1학년 때 곤충에게 먹일 사료를 만들기 위해 창업을 했어요. 대학교도 사업과 연계된 공부를 계속할 수 있는 곳으로 진학했습니다. 자신이 기르는 곤충을 보다 잘 기를 수 있는 방법이 무엇일지 찾다 보니 사업을 하게 된 것입니다. 아마 처음부터 창업이라는 목적으로 시작하지는 않았을 테지요.

2020년 당시 한림예고에 재학 중이던 이유나 디자이너(인스타: paengja1116)는 패션모델로 활동하면서 1억 정도 매출을 올렸다고 합니다.* 자신이 옷을 좋아하니, 옷을 디자인하고, 그 옷을 입고 모델로 활동한 것입니다. 옷을 팔기 위해 마케팅과 판매까지 하고요.

여러분도 적극적으로 시도할 수 있는 일이 있다면 포기하지 말고 끊임없이 시도해보세요. 반드시 자신만의 길을 찾게 될 거예요. 시도하는 데는 용기가 필요합니다. 반드시 책임도 뒤따라야 하고요. 고등학교 시절 창업했던 사람들은 창업 덕에 경제적으로 여유는 생겼지만, 친구들과 놀 수 있는 시간이 줄어서 힘들었다는 이야기도 했습니다. 하지만 자신이 무엇인가를 이뤄냈다는 성취감은 이루 말할 수 없이 컸다고 해요.

---

* 유튜브 고하이 채널, "모델부터 디자인까지 다 하는 19살 디자이너" https://www.youtube.com/watch?v=eK5gO0dJv8c

나이가 어리고 경험이 부족하다고 해서 할 수 없는 것은 없습니다. 내 인생에서 꼭 표현하고 싶은 게 있다면, 용감하게 시도해보세요. 어리기 때문에 도움을 받을 수 있는 기회가 더 활짝 열리기도 하니까요. 어떤 도움들이 있냐고요?

대한변리사회*에서는 학생들에게 **무료 변리**를 지원해줘요. 무료 변리는 지식 재산권을 보호하고, 특허까지 받을 수 있도록 무료로 변리를 해주는 것입니다. 특허권을 받고 싶은 아이디어가 있다면 지원해봐도 좋겠지요. 청소년들이 세상에 이바지하기를 바라는 마음에서 지원해주는 프로그램인데요. 실제로 특허를 신청해서 특허권까지 받게 된다면 정말 뿌듯하겠지요?

하지만, 혹여 특허권까지 받지 못할 수도 있어요. 그렇다고 해서 "특허권을 받지도 못하는데, 뭐 하러 해?"라고 생각한다거나 "결국 받지 못했어."라며 좌절할 필요는 없습니다. 이런 결과는 실패가 아닙니다. 그 과정에서 배울 점이 있는 도전이었잖아요? 무언가를 다시 시도해볼 수 있는 중요한 자산이 하나 더 늘어난 것뿐입니다.

특허뿐 아니라 청소년이기에 받을 수 있는 혜택은 또 있습니다. **청소년 창업경진대회 지원금** 같은 것도 있답니다. 이 경우, 창업에 대한 지원서를 작성하여 선정되면 지원금을 받을 수 있습니다. 그 지원금으로 내가 해보고 싶은 일을 시도해보

---

* http://www.kpaa.or.kr/kpaa/publicbenefit/freeConduct.do?clickPage=21 더 궁금한 사람은 공익 변리 부분을 참조해보도록 해요.

는 거죠. 물론 시도했다가 원하는 결과를 얻지 못할 수도 있어요. 그럴 때는 "왜"라는 질문을 던져보면서 하고 싶은 분야를 더 깊이 파보는 것도 좋겠지요?

동양과 서양에서 시도해본 흥미로운 실험이 있었어요. 똑같은 시험문제를 주고, 결과를 알려주고, 어떤 시험문제를 풀고 싶은지 물었대요. 서양 사람들은 자신에게 어려운 시험문제가 아니라 자기가 잘 풀 수 있는 문제를 선택해서 풀겠다고 응답했다 합니다. 반면 동양 사람들은 자기가 풀어내지 못했던 시험문제를 다시 풀면서 무엇을 놓쳤는지, 어느 부분을 몰랐는지 알아간다고 합니다. 서양 사람들은 자신의 강점을 강화하는 방법을 아는 것이고, 동양 사람들은 자신의 부족한 부분을 발견하여 강화하는 방법을 알고 있다는 뜻입니다.*

자신이 못하는 부분을 강화하는 것도 중요하지만, 자신이 잘하는 부분을 더 강화해보면 어떨까요? 그러면 자신감이 쌓여서 언젠가는 자신이 없었던 면들을 넉넉한 마음으로 돌아보게 될 거예요.

거대한 꿈을 꾸며 '돈을 벌어야지!' '큰 꿈을 이뤄야지!' 할 필요는 없어요. 모두가 대단한 업적을 남길 수는 없어요. 내가 즐겁고, 행복할 수 있느냐가 중요한 기준점이겠지요. 조금 두렵지만 **성취감을 얻을 수 있다면 기꺼이 도전할 수 있겠지요.** 내

---

* 김은주 지음, 《1cm 아트》, 허밍버드, 2015

삶을 통해 누군가를 만족시키기보다 내가 나 스스로 만족할 수 있는 일들을 찾아봐요. 억지로 "좋아하는 것을 찾아야 한다는데…" 하면서 애쓸 필요는 없습니다.

지금 당장 눈에 보이지 않더라도 내가 기쁠 수 있는 일을 찾아봐요. 그리고 이렇게 생각하는 힘을 키우다 보면 언젠가는 준비된 사람이 될 수 있을 거예요. 지금 내가 몇 살인가 하는 점은 절대 중요하지 않습니다. "지금 나는 무엇이든 할 수 있는 나이, 무엇이든 가능한 시간"을 살고 있으니까요.

지름길은 내가 만든 길
책상 앞에서 스트레스를 받고 있다면

저는 대학교를 졸업한 후, 미국의 어느 작은 시골 마을에서 홈스테이를 했습니다. 그 댁에 고등학생인 리사가 있었어요. 리사는 오케스트라에서 바이올린도 하고, 마라톤대회에 출전하기 위해서 연습도 열심히 하는 학생이었어요. 고등학교 생활을 누구보다 행복하게 보냈지요.

어느 날 저와 보드게임을 하며 신나게 놀다가 갑자기 생각난 듯 "내일 SAT를 봐야 하니 그만 놀자."라고 하더라고요. SAT는 우리나라의 수능시험과 비슷한 시험이에요. 제가 생각할 때는 SAT가 굉장히 중요한 시험인데, 리사는 무슨 쪽지 시험이 있으니 그만 놀아야겠다는 식으로 이야기하는 거예요. 저는 깜짝 놀라서 "내일이 시험인데, 나랑 놀았던 거야?"라고 물었습니다. 그랬더니 리사가 이렇게 대답하더라고요. "당연하지. 무슨 말이야. 나랑 놀아줘서 고마워. 이렇게 노는 게 시험보다 중요하다고."

저는 속으로 리사가 대학교 진학을 포기했나 보다, 라고 생각했습니다. 그런데 웬걸요? 리사는 누구나 알 만한 명문대학교의 장학생으로 입학했습니다. 현재는 노벨평화상을 목표로 연구하는 물리학 박사님이 되었어요.

리사가 특별해서 그런 걸까요? 리사에게는 언니인 엘리와 동생인 존이 있었어요. 엘리는 공부를 잘했지만, 멀리 있는 곳으로 가고 싶지 않다면서 자기가 살고 있는 주(state)에서 가장 좋은 주립대학교에 들어갔습니다. 존은 대학교에 가고 싶지 않다고 선언한 뒤 목수 일을 하면서 여행가로 살고 있고요. 이 삼형제를 보면서 저는 어린 시절부터 자신이 좋아하는 것이 무엇인지 고민하고 진로를 선택하는 모습에 감동했습니다.

미국은 교육 시스템뿐 아니라 자유롭게 인생을 즐길 수 있는 문화가 이미 정착되어 있어요. 리사처럼 공부하고 싶은 친구들은 충분히 자신이 원하는 공부를 선택하여 집중할 수 있고, 또 존처럼 진학 외에 다른 걸 하고 싶은 친구들은 그 길을 선택합니다.

제가 이런 이야기를 하면 대개 "그건 미국이니까 가능한 이야기이지, 한국에서는 불가능한 이야기 아닐까요?"라고 묻더라고요. 저도 부러웠으니, 여러분도 부럽겠지요? 그러나 저는 여러분이 미국의 상황을 부러워하자고 리사 이야기를 꺼낸 게 아닙니다. 미국에 살지 않더라도 그렇게 할 수 있는 방법을 찾아보자고 말하고 싶었어요. 환경은 다르지만, 리사처럼 **취미 생활도 하면서, 원하는 목표를 이루는 방법**이 무엇일지 고민해봅시다. 남들과 조금 다른 길을 가면 어때요?

2022년 통계청에서 발행한 「아동.청소년 삶의 질 2022」 보고서를 살펴보면, 평균 학습 시간이 중학생은 7시간 10분, 고등학생은 8시간 2분으로 나옵니다. 고등학생의 경우 평균

주 50시간을 공부하고 있다는 말이지요. 반면 다른 나라는 평균적으로 미국이 약 33시간, 일본이 약 32시간, 핀란드가 약 30시간을 공부한다고 해요. 이는 경제협력기구(OECD) 회원국 중에 대한민국 학생들이 가장 공부를 많이 한다는 뜻입니다.

국제 학업 성취도 평가(Programme for International Student Assessment)에서는 우리나라 학생들이 대체로 상위권을 차지합니다. 다행히 공부를 열심히 한 만큼 결과가 좋다는 뜻인데요. 핀란드도 우리나라와 같이 학업성취도가 우수한 나라예요. 핀란드 학생들도 리사처럼 공부하는 시간만큼 충분히 취미생활도 즐깁니다.

2018년도 OECD 청소년들의 삶의 만족도를 조사한 결과, 대한민국 청소년들은 만족도가 67퍼센트로 가장 낮은 수준이었어요. 우리나라 청소년들이 최선을 다해서 열심히 공부하고, 그 결과도 좋지만, 안타깝게도 삶의 만족도는 높지 않음을 확인할 수 있습니다. 좋은 결과를 얻겠다고 모두 힘겨운 싸움을 하고 있지만, 정작 자기 삶에 만족하지 못한다는 이야기죠.

이런 통계들을 보고 있자니 저절로 한숨이 나왔습니다. 물론 이 통계는 숫자에 불과해요. 여기 해당하지 않는 청소년들도 분명히 있을 거고요. 하지만 대한민국에서 청소년으로 살아낸다는 것이 어떤 의미인지 다들 아시죠? 치열하게 공부하지는 않더라도, 적어도 모두가 사회적인 공부 압박 분위기에 짓눌리며 살고 있잖아요? 아마 전 세계에서 대한민국 청소년처럼 최선을 다해 "공부에 올인" 하는 친구들은 없을 겁니다.

그러니 우리 청소년들이 입시 스트레스에 시달리는 것도 당연합니다. 저는 캐나다, 스위스, 일본, 미국에 거주한 경험이 있는데요. 그들은 우리처럼 대학 입학시험에 목숨을 거는 분위기가 아니더군요. 우리나라는 수능 시즌이 다가오면 거의 전 국민이 수능 모드로 전환하잖아요. 기도하러 다니고, 수능 부적을 팔고, 수능 대박 기원 상품이 등장하고요. 그만큼 우리나라에서는 수능이 중요하다는 의미입니다. 시험 여부를 떠나서 사회 분위기 자체가 수험생을 압박하는 문화예요. 그러니 모두가 수능 스트레스를 받을 수밖에요.

하지만 입시 스트레스가 없는 다른 나라 학생들을 부러워하는 건 해결책이 아닙니다. 오히려 다른 나라 학생들처럼, 비록 수능이 일상을 지배하는 문화에 살고 있다고 해도, 시간을 조금 더 효율적으로 사용할 수 있는 방법을 고민하는 편이 도움이 될 것입니다. 한번 알아볼까요?

첫째, 책상 앞에 오래 앉아 있는다고 공부를 잘하는 게 아니라는 점을 알아야 합니다. **적당한 운동과 취미생활**은 공부에 집중할 수 있도록 도움을 줍니다. **적절한 수면**은 필수고요. 국민건강통계플러스에 따르면, 우리나라 청소년들이 팬데믹 이전에는 주 2회 정도 운동을 했다고 해요. 그러다가 팬데믹 이후로 주 1회로 줄었다고 합니다. 이 결과는 매우 우려스러운 징표입니다.

적절한 움직임은 뇌발달뿐 아니라 체력을 기르는 데도 아주 중요하거든요. 체력은 또 자신감으로 이어져서 자신이 원하는 목표에 몰입할 수 있게 해줍니다. 옛 어른들이 흔히 "건강한 몸에 건강한 정신이 깃든다."라고 하셨던 게 빈말이 아닌 거죠.

흐지부지 시간을 보내던 럭키가 클라이밍을 새로운 취미로 시작했어요. 한 시간 정도 땀을 흠뻑 흘리고 난 다음 책상에 앉았더니 맑은 정신으로 밀도 있게 공부하게 되었대요. 책상에 세 시간 내내 앉아 있다고 해서 온전히 공부에 몰입하는 건 아니잖아요. 한 시간을 공부하더라도 집중해서 공부한다면 세 시간 앉아 있는 친구보다 좋은 성과를 낼 수 있습니다.

중요한 것은 효율성이에요. 좌뇌와 우뇌가 골고루 발달하는 데 있어서 가장 중요한 것은 바로 '뇌량'입니다. 뇌량은 좌우뇌를 연결하는 신경 세포 집합인데요. 뇌량은 움직임을 통해서 발달해요. 운동을 꾸준히 하는 것이 체력뿐만 아니라 뇌발달에도 중요한 부분을 차지한다고 강조하는 이유지요.

여러분은 어떤 운동을 좋아하나요? 신체에 무리가 되지 않는 범위 내에서 하는 운동은 긍정적인 효과가 있을 거예요. 운동뿐만 아니라, 내가 몰입해서 할 수 있는 적절한 취미생활은 스트레스 해소에도 도움을 줄 것입니다.

6장

둘째, 빠른 해결 방법을 찾기보다는 **문제를 해결하는 과정에 몰입하세요.** 아인슈타인은 다음과 같은 명언을 남겼어요.

"가장 중요한 것은 질문을 멈추지 않는 것이다. 호기심은 그 자체만으로도 존재 이유가 있다. 영원성, 생명, 현실의 놀라운 구조를 숙고하는 사람은 경외감을 느끼게 된다. 매일 이러한 비밀의 실타래를 한 가닥씩 푸는 것으로 족하다. 신성한 호기심을 절대 잃지 말라."*

지적 호기심이 중요하다고 강조한 것입니다.

≪박문호 박사의 빅히스토리 공부≫에서는 문제해결 중심적 공부 방법이 아니라 지적 호기심을 충족시킬 수 있는 공부 방법을 소개하는데요. 무작정 문제 풀이를 위해 암기하면 공부한 내용이 장기기억으로 저장되기 힘들다고 합니다.

목이 몹시 마를 때 시원한 물 한 잔을 딱 마시면 시원하게 갈증이 해소되잖아요. 어려운 수학 문제를 풀 때도 과정을 무조건 암기하는 것보다 그 과정이 왜 그렇게 되었는지를 고민하면서 문제에 접근하면 확실한 앎이 됩니다. 또한 누군가에게 물어서 바로바로 문제를 해결할 수도 있습니다. 그렇지만, 시간이 좀 걸리더라도 자기 자신만의 방식을 찾아가길 권합니다. 힘겹게 얻어낸 만큼 절대 잊어버리지 않을 겁니다.

공부뿐만이 아니에요. 삶에서 발생하는 고민도 마찬가지입니다. 요즘은 호기심이 일거나 고민이 생기거나 모르는 것

---

* Albert Einstein, "Old Man's Advice to Youth: 'Never Lose a Holy Curiosity.'", ⟨LIFE Magazine⟩, 1955, p.64를 참조하여 번역함.

이 있으면 다들 인터넷 검색창으로 달려갑니다. 인터넷은 아주 순식간에 답을 주니까요. 그렇게 답을 찾아갈 수도 있지만, 자기 자신만의 방식으로 문제에 접근하고 해결하는 길을 찾아보는 것은 어떨까요? 충분히 고민하고 생각한 만큼 자신에게 더 적합한 답들을 찾게 될 거예요. 정답은 이미 내 안에 있을 테니까요. **지름길은 누군가가 만들어놓은 길이 아니라 내가 만든 길입니다.**

제 동생은 수능을 거의 만점 받을 정도로 공부에 몰입하는 유형이에요. 반면 저는 공부하는 재미를 대학교에 가서야 알게 된 사람이고요. 동생은 두 시간 정도면 책 한 권을 다 읽었어요. 반면, 저는 책을 며칠에 걸쳐서 읽어야 했어요. 한동안 저는 책을 못 읽는 사람인 줄 알고 책을 읽지 않았어요. 포기해버렸죠. 한참 후에서야 저는 사람마다 배우는 속도가 다르다는 것을 이해하게 되었습니다.

그다음부터는 제 속도를 존중하며 책을 읽기 시작했어요. 여전히 저는 책을 천천히 읽는 사람이지만, 포기하지 않습니다. 만약 일찌감치 포기해서 공부하지 않았다면, 저는 여전히 공부를 못 하고, 책도 읽을 줄 모르는 사람이 되었을 겁니다.

신은 모든 사람에게 24시간이라는 공평한 시간을 주었어요. 나이, 성별, 학력, 소득의 격차 등 모든 것을 떠나서 동일해요. 대한민국 청소년들은 가장 열심히 공부하는 학생들이고 결과도 나쁘지 않습니다. 하지만 앞에서 본 것처럼 삶의 만족도는 적게 나타났어요. 모두가 수능을 위해 현재를 포기하고 달려가기 때문이지요.

책상 앞에서 스트레스를 받고 있나요? 잠시 멈추고, 시간을 효율적으로 활용해보면 어떨까요? 적절한 취미생활은 도움이 될 거예요. 규칙적으로 운동을 하거나 스트레칭을 해도 좋고, 그림을 그리고 악기를 배우거나 산책을 해도 좋아요. 모두 여러분의 긴장감을 해소하는 데 큰 도움이 됩니다. 또한 규칙적으로 몸을 움직이면 체력도 좋아지고 더불어 자신감도 상승하게 된답니다. 이처럼 삶에 닥친 문제가 크든 작든, 그 앞에서 자신만의 문제 해법을 찾아보세요. 하지만 당장 결과를 얻으려고 조바심을 내는 건 금물입니다.

어떤 문제든 충분히 고민하고, 나의 속도에 맞춰 배우면서 답을 찾아가세요. "뜻이 있으면 길이 있다."라는 말처럼 마음에 품은 목표가 있다면 반드시 해낼 수 있을 겁니다.

장래 희망은 '아무거나'
되고 싶은 게 없어도 더 괜찮아

　오랜만에 TV를 켜니, 유명한 요리사는 있지만 식당 노동자들의 고단한 삶은 없고, (…) 한없이 다정한 엄마와 아빠는 있지만 맞벌이로 고생하는 힘겨움과 애환은 없었다. 대중문화와 최첨단산업에 열광하는 청년들은 있지만, 앞길이 보이지 않는 청년들의 고뇌는 없었다.[*]

　제 친구 봄눈별이 《내 마음속의 난로》라는 책에서 TV에서 다양함을 보고 싶다는 표현을 쓴 부분이지요. 우리 주변에는 성공 신화가 많습니다. 교과서나 위인전을 보면 훌륭한 업적을 남긴 사람들 이야기가 다수입니다. 그런 이야기들을 읽다 보면 나는 도무지 해낼 수 없을 것만 같아요.

　이런 고민을 하던 캄캄이를 만난 적이 있어요. 캄캄이의 장래 희망은 "아무거나"래요. 장래 희망을 써서 내라고 하면, 그럴 때만 잠시 고민한대요. 하지만 답이 바로 떠오르지 않으니 언제인가부터 "아무거나"라고 쓰기 시작했대요.

　선생님이 다시 생각해보라고 하셨지만 아무리 머리를 써

[*]　봄눈별 지음, 《내 마음속의 난로》, 호랑이출판사, 2016, p.185.

도 내가 무엇을 하고 싶은지, 어떤 사람이 되고 싶은지 떠오르지 않는다고 털어놓았습니다. 공부는 생각만 해도 머리가 지끈거렸대요. 그러다 보니 공부도 하기 싫은데 이래서는 미래에 무엇을 할 수 있을지 더 막막하더랍니다. 세상과 동떨어지는 느낌마저 들었고요.

장래 희망 칸에 자신이 원하는 것을 쓸 수 있는 사람이 몇 명이나 될까요? 캄캄이처럼 막막한 사람이 더 많을 거예요. 미셸 오바마는 자서전 《비커밍Becoming》에서 장래 희망을 묻는 것은 '쓸데없는 질문'*이라고 말했습니다. '성장에는 끝이 없는 것처럼' 어른이 되어도 영화의 결말처럼 인생이 끝나는 게 아니라고 하면서요.

저는 2019년부터 2022년까지 청소년 고민 순위를 살펴본 적이 있습니다. 우리나라의 학생들은 주로 진로 고민을 많이 했습니다. 늘 진로 고민이 순위권에 들었죠. 그처럼 진로에 대한 고민은 캄캄이만의 고민이 아니라 우리 모두의 고민입니다. 제가 보기에는 꿈을 이뤘던 어른(교수님, 선생님, 대표님)들도 은퇴 후에 무엇을 할지 고민이라고 하셨거든요. 미래에 어떤 일이 벌어질지는 아무도 몰라요. 그러니 성인이 되어서도 이 고민은 계속 이어집니다.

청소년기에는 **미래에 대한 고민 자체가 중요해요**. 어른이

---

* 미셸 오바마 지음, 김명남 옮김, 《비커밍》, 웅진지식하우스, 2021, p.10 참조.

되어서도 이어지는 고민이니까요. 이때 충분히 고민하면서 견딜 수 있는 인내심이 필요합니다. 캄캄이가 '아무거나'라고 쓴 이유는 생각하고 싶지 않아서, 또 실제로 자기 마음을 잘 모르겠어서 그랬을 것입니다. 미래는 누구나 모를 수밖에 없어요. 앞으로 어떤 일이 벌어질지 아는 사람은 지구상에 한 사람도 없습니다.

정말 중요한 것은 '내가 무엇을 하고 싶은지' 계속 고민하는 것입니다. 과거에는 한 직업이나 한 직장에 30년씩 근무하는 사람들이 많았어요. 이를 "단일 평생 경력 모델"이라고 해요. 버스 기사가 되기 위해서 운전면허를 취득하고, 운전만 평생 해도 살 수 있었어요. 하지만, 미래 사회는 평균 6~8개 직업을 가지고 살게 된다고 해요. 직업을 하나만 정해서 꾸준히 해내기 힘들다는 말이지요. 캄캄이의 말처럼 어쩌면 미래에는 '아무거'나 다 할 수 있는 사람이 필요하지 않을까요?

《퓨처 프루프》라는 책을 쓴 케빈 루스는 팬데믹이 자동화 시스템을 발달시키는 데 기여했다고 말합니다. 우리 일상을 한번 둘러보세요. 물론 코로나 이전에도 배달 문화가 있긴 했으나 코로나 이후로 무엇이든 배달 기능한 시스템이 구축되었잖아요? 그 책에는 첨단 기술이 발달해도 인간만이 할 수 있는 직업은 살아남는다는 이야기도 나옵니다. 코로나가 급속도로 퍼지자 병원에서 일하는 의사와 간호사 같은 전문 인력이 절대적으로 부족했잖아요?

이처럼 아무리 자동화 시스템이 활성화되어도 **인간만이**

할 수 있는 일을 대체할 수는 없습니다. 즉 미래 사회에는 '사라질 직업'도 있겠지만, 기계가 대체하지 못해서 꼭 '인간만 할 수 있는 직업'도 있을 거라는 이야기입니다. 그러면서 저자는 미래 사회에 기계가 대체하지 못할 일들을 하기 위해서는 "**인간다움**"을 간직해야 한다고 강조했어요.

미래 사회는 계속 변할 거예요. 어떤 일들이 벌어질지 모르지요. 그만큼 변화 속에서 빠르게 적응하는 능력이 중요한 세상이 될 것입니다. 급속도로 변화하는 세상을 예측하기는 힘들어요. 그렇기에 미래란 상상하는 것만으로도 불안과 두려움을 불러일으키기도 합니다. 하지만 너무 걱정할 필요 없어요. 다행히도 변화는 미리 준비하면 그리 어렵지 않게 대비할 수 있거든요. 일기예보를 보고 "내일은 비가 내릴 것입니다."라고 하면 누구나 우산을 준비하잖아요? 이렇게 우산을 챙겨 나가면 비를 피할 수 있습니다.

지금 여러분은 변화에 대비하기 위해서 일기예보도 보고, 필요하다면 우산을 챙겨야 할 때입니다.

첫째, **지금 주어진 과제에 충실해야** 합니다. 현재 주어진 과제를 수행할 수 없다면 미래에도 수행할 수 없어요. 미래에 필요가 없는 지식이 될지 몰라도 배운다는 것 자체에 의미가 있습니다. 그 배우는 과정을 통하여, 배울 수 있는 능력을 습득하게 되기 때문이지요.

한 가지를 배워본 사람은 또 다른 영역의 내용을 배울 수 있게 되거든요. 예를 들어볼게요. 카메라의 성능이 아무리 발전해도 사진을 잘 찍는 사람은 계속 사진을 잘 찍게 됩니다. 과거에는 필름 카메라를 가지고 있고, 그 카메라를 다룰 수 있는 사람들만 사진을 찍을 수 있었어요. 하지만 지금은 스마트폰으로 사진을 찍을 수 있게 되었지요. 필름 카메라로 사진을 잘 찍을 수 있는 사람은 스마트폰으로도 멋진 사진을 찍을 수 있지요. 그것은 기계가 아무리 바뀌어도 사진을 찍는 기술은 변하지 않기 때문입니다. 바로 원리를 터득한 덕분이지요.

내가 무엇을 해야 할지 모르겠다면, 해낼 수 있는 것을 하나라도 찾아 시도해보세요. 현재 내가 할 수 있는 것을 시도하다 보면 그 원리를 알게 될 것입니다. 그렇게 체득한 원리는 평생 써먹을 수 있게 될 거고요.

둘째, 나를 화나게 하는 일을 찾아봅니다. 《마음 카페》를 쓴 김은재 선생님께서 제안하신 방법이에요. 선생님은 책에서 공부를 계속해야 할 사람과 아닌 사람을 구분하셨어요. 시험을 치르고 나서 억울해하는 친구들은 계속 공부해야 합니다. "시험을 망쳤어." 하고 우는 친구들은 공부했는데도 원하는 결과를 얻지 못했기 때문에 억울한 것이지요. 억울하니까 더 견디면서 공부할 마음이 있습니다. 이런 친구들은 계속 공부해야 한다고 하셨어요. 하지만 시험을 망쳐도 상관없는 친구들은 공부가 적성이 아닌 친구들이에요. 내가 억울해서 견딜 수 없는 일이 있다면, 아무리 힘들어도 그 일을 하고 견딜 수 있다는 말이지요.

저는 이 방법이야말로 내 적성을 쉽게 찾을 수 있는 것이라고 생각해요. 무언가를 해내기 위해서는 멈추지 않고, 지속적으로 시도하는 게 중요한데요. 자신이 화나게 하는 일은 끝까지 포기하지 않고, 계속 시도할 수 있게 됩니다. 누군가 시켜서 할 수 있는 일이 아니기에, 자기 자신이 자신의 한계를 극복하기 위해 끊임없이 도전할 수 있게 될 것입니다.

셋째, 자신이 **푹 빠져서 할 수 있는 것을 찾아 시도**합니다. 역사덕후이던 친구가 떠오릅니다. 역사를 너무나 좋아해서 인터넷에서 각종 자료를 찾아서 봤어요. 궁금한 내용이 생기면, 우리나라 자료뿐 아니라 외국어 자료까지도 찾아서 알아냈어요. 외국어 자료를 어떻게 읽을지 고민하던 친구는 처음에는 번역기를 돌려서 읽었다고 해요.

이렇게 읽다 보니 "외국 논문을 잘 번역해서 사람들에게 알려주고 싶다."라는 마음이 생기더랍니다. 그 친구가 즐겨 찾던 자료는 아프리카 역사였는데, 우리나라에는 아프리카 역사에 대한 자료가 부족하거든요. 그래서 자신이 어렵게 찾아낸 자료를 다른 이들과 공유하고 싶어진 겁니다. 이렇게 하나둘 즐겁게 번역하다 보니 취미로 시작한 외국 논문 번역 자료가 책이 될 만큼 모였다고 합니다. 그런데 그동안 논문 번역에 매달리느라 학교 공부에는 매진할 수가 없었고 수능 성적도 그리 높게 나오지는 못했대요.

하지만 원하는 대학교에 가서 역사 공부를 하고 싶었기에 그 마음을 고스란히 자기소개서에 담았습니다. 성적이 잘 나오지는 못했지만 역사를 공부할 준비가 되었다는 것, 그리고 본인이 그동안 혼자 역사를 공부한 이야기랑 찾아서 모은 논문, 그것들을 번역한 이야기까지 모두 적었다고 합니다. 그랬더니 1차 합격자 발표가 나오기도 전에, 대학교에서 꼭 입학해줬으면 좋겠다고 연락이 왔다고 합니다.

덕질을 할 수 있는 것이 있다는 건 정말 행복한 일이에요. 누가 시켜서가 아니라 자신이 정말 원하는 것이 있을 땐 궁금해서 알고 싶어서 계속 찾게 되잖아요? 스스로 말이에요. 덕질은 아인슈타인이 말하는 지적 호기심이 최강에 이른 상태이기도 합니다. 내가 궁금해서, 모르는 걸 견딜 수 없어서 계속 찾게 되는 부분이 있다면, 바로 그 분야에 도전해보세요.

넷째, **한 번도 해보지 않았던 일을 시도합니다.** 무엇을 할지 막막했던 철수가 점심시간마다 친구와 도서관에 갔어요. 책 읽기를 제대로 해본 적이 없어서 막막했던 그는 초반에는 도서관에서 책 제목들만 읽었습니다. 책 제목들을 읽다 보니 자연스레 마음에 드는 책이 생기더래요. 그래서 이번에는 책을 읽지는 않고 책 고르기만 시도했대요. 그러다가 정말 궁금한 책이 생기면 읽었다고 합니다.

여러분은 매일 같은 길로 집에 가세요? 만일 그렇다면 오늘은 조금 다른 방법으로 집에 가보세요. 똑같은 길로만 다니면 언제나 같은 풍경만 보게 될 테지만, 조금이라도 다른 길을 가면 눈에 보이는 풍경 역시 조금씩 달라질 겁니다. 일상이 너무나 변함없이 흘러가서 지루한가요? 오늘을 다르게 살아보세요. 다른 방향, 다른 길, 다른 방법을 시도하면 할수록 우리의 뇌도 다른 영역, 새로운 부분을 활성화됩니다. 새롭게 시도하면서 나도 몰랐던 나의 능력을 알게 되고, 숨어 있던 재능도 찾게 될 겁니다.

북유럽에서 실험했다는 흥미로운 구인 광고를 봤어요. 1년 동안 감옥과 같은 방에서 살아볼 사람을 찾는 광고였는데요. 다른 사람과 연락하고 지낼 수도 없고, 대중매체도 접할 수 없고, 음식은 제공해주는 것만 먹어야 한다는 조건이었다고 합니다. 취미생활은 물론 할 수 없고요. 주어진 환경에서 세상과 단절된 채 살아야 하는 대가는 놀라울 만한 고액 연봉이었어요. 그런데 지원자가 하나도 없었다고 합니다. 인간의 본능은 다른 사람들과 교류하고 어울리는 거잖아요.

미래 사회의 많은 부분이 자동화 시스템으로 대체된다고 해도 우리는 타인과 교류하고, 어울리기를 포기할 수 없습니다. 대면으로 어울리지 못하게 되었던 지난 코로나 팬데믹 기간에 우리가 얼마나 SNS와 인터넷에 매달렸던가를 생각해보면 금방 답이 나옵니다.

30년 전만 해도 크리에이터라는 직업은 존재하지 않았어요. 지금은 모두가 되고 싶어 하는 선망의 직업이 되었지만요. 30년 후에는 또 어떤 직업들이 생겨날까요? 아무도 알 수 없습니다. 이런 예측은 인터넷을 검색한다고 해서 바로 답을 얻을 수 없기에 상상할 때마다 불안해질 수도 있습니다. 그러나 너무 두려워하지 마세요.

현재 내 주변 사람들과 어울려서 지낼 힘이 있다면, 미래 사회에서도 얼마든지 적응할 수 있을 겁니다. 내가 나의 가족이나 친구들, 또는 이웃들과 잘 어울려서 대화하고 시간과 경험을 나눌 수 있다면, 미래에 어떠한 급격한 변화가 생기더라도 적응하면서 지낼 수 있을 거예요.

[속닥속닥 💬 비전 보드 만들기]

내 꿈을 구체적으로 상상해보는 "비전 보드"를 작성해봐요. 책상에 붙여놓거나 프로필 사진이나 핸드폰 메인 화면에 이 내용으로 꾸며보도록 해요.

내가 꿈꾸는 롤모델은 누구인가요?
(구체적인 사람이 없다면 다음 질문으로 건너뛰어도 좋아요.)

20년 후(혹은 내가 꼭 가 보고 싶은 지점), 내 모습은 어떤가요? 구체적으로 외향적인 모습도 그려보고, 어떤 것들을 알고 있는 사람이기를 원하나요? 주위에 어떤 사람들과 어울려서 지내고 있을까요?

내 꿈을 이루기 위해 어떤 배움이 필요할까요? 배우고 싶은 기술이나 진학하고 싶은 학교를 적어도 좋아요.

그 꿈을 이루기 위해 나는 현재 어떻게 노력하고 있나요?

내가 지금 당장 해볼 수 있는 BEST3은 무엇입니까? 되도록 구체적이고 실행 가능하도록 작성해봐요.

ex) 말하기 연습 ☞ 낯선 사람들 앞에서도 편안하게 이야기할 수 있는 방법 찾아보기

운동하기 ☞ 아침마다 10분씩, 방과 후에 20분씩 매일 운동하기

1)

2)

3)

꿈 너머의 꿈: 꿈을 이루고 난 후 시도해보고 싶은 일들은 무엇인가요?

미래의 당신이
현재의 당신에게
예약해둔 편지가
배달되었습니다.

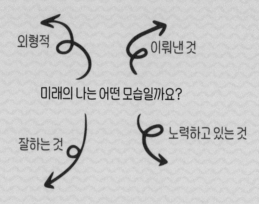

외형적

이뤄낸 것

미래의 나는 어떤 모습일까요?

잘하는 것

노력하고 있는 것

미래의 내가 현재의 나에게 어떤 말을 해줄까요?

현재의 _____ **에게**
(자신의 이름을 적어보세요)

_____ 년 _____ 월 _____ 일

미래의 _____ **가 씀**
(자신의 이름을 적어보세요)

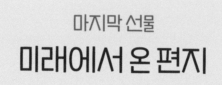

마지막 선물

미래에서 온 편지

여러분은 어떤 미래를 예약했나요?

제가 당신의 이름으로 예약된 미래를 살펴보았어요. 미래를 충분히 구체적으로 상상해봤나요? 제가 미리 살펴본 결과를 말씀드릴게요. 미래는 예약했던 것보다 상상하지 못할 기쁨이 있더라고요. 지금까지 재미있게 했던 일들보다 더 기쁜 일들이 많아요. 내가 이렇게 행복해도 되나 할 정도로 엄청난 일들이 벌어지더라고요. 상상보다 멋지게 펼쳐진 일들도 있어요.

무엇을 하고 어떻게 살아야 할까 고민했지요. 미래는 알 수 없으니, 불안하게 느낄 수밖에 없어요. 저만 당신의 미래를 보고 있는 게 너무나 안타까워요. 사진을 찍어다가 보여주고 싶어요. 아마 당신도 미래를 본다면, 걱정을 내려놓게 될 것 같아요.

며칠 전에 미래의 당신은 이런 혼잣말을 하더라고요.

'왜 그렇게 고민했을까? 이렇게 될 줄 알았다면, 조금 걱정을 내려놓을 것을.'

어린 시절에 했던 고민들이 어느 순간 사라졌어요. 고민했던 순간이 없었다면, 미래의 당신은 없을 거예요. 항상 즐겁고 행복한 일만 있었던 것은 아니에요. 즐거운 일 사이에 절망에 빠졌던 순간도 있었어요. 울고 싶어도 마음껏 울지 못할 만큼 슬플 때도 있었지요. 마음껏 울지 못하고 있을 때, 함께 울어주고 싶었어요. 그런데 제가 괜한 걱정을 했더라고요. 이미 당신은 충분한 능력을 가진 사람이지요. 제가 함께 울어주지 않았어도, 스스로 할 수 있는 힘을 가진 사람이더라고요. 뿐만 아니라, 외로움을 느끼는 순간, 주변에 도와주는 사람들이 나타났어요. 고마운 사람들이 항상 주변에 넘쳐났어요.

언제나 성공만 하지는 않았어요. 실패했던 순간도 있었어요. 포기하지 않고, 그 순간을 견뎌냈어요. 어떻게 그렇게 용기가 났나요? 시도하는 모습이 멋있었어요. 앞에 있던 내용을 읽고 시도해줘서 고마워요. 무엇보다 내 삶에 주인공이라는 것을 기억하며, 살아줘서 고마워요. 미래의 당신은 직업까지도 만들어냈어요. 세상에 없던 일이었어요. 또 하고 싶었던 일들도 할 수 있는 능력자가 되었어요. 자기 자신만 행복한 게 아니라, 다른 사람들에게도 충분히 베풀 수 있는 사람이 되었어요.

마음의 풍경을 살펴볼까요? 복잡한 현대사회에서 그 누구보다 평온하게 지내고 있네요. 세상에서 본 어떤 풍경보다도 아름다운 풍경이네요. 봄날에 활짝 핀 꽃 풍경도 있고요. 밤하늘에 아름다운 별들이 쏟아지는 풍경 같기도 해요. 어떻게 이토록 아름다운 마음의 풍경을 가지고 있을 수 있을까요? 당신의 비결은 무엇일까요? 삶에 작은 순간도 만족하더라고요. 그만큼 자기 자신을 사랑하며 살아왔기 때문이겠지요.

꼭 기억해줬으면 좋겠어요. 미래의 당신은 생각보다 괜찮은 삶을 살고 있어요. 당신이 고민하던 순간도 그리워할 만큼 성장했어요. 미래에 있는 당신이 지금 충분히 잘하고 있다고 응원하고 있어요. 그 응원이 들리나요? 미래를 위해 무엇을 계획한 것이 있어도, 없어도 괜찮아요. 지금 이 순간을 살아가고 있다면, 원하는 미래를 만날 수 있을 거예요.

당신의 미래를 살짝 구경하고 온
반은기 드림